데일 카네기
여자를 위한
인간관계론

데일카네기
여자를 위한
인간관계론

데일 카네기 지음 | 미리내공방 편역

정민
미디어

사회성과 관계를 핵심 키워드로 한 강의와 저작으로 유명한 데일 카네기는 명실상부 현대 자기계발 분야의 선구자이자 성공학의 대가이다.《데일 카네기 인간관계론》을 비롯하여《데일 카네기 자기관리론》,《데일 카네기 성공대화론》등 그의 이른바 3대 성공학 바이블은 오늘날까지도 전 세계인들에게 사랑받고 있다.

이는 카네기의 접근 방식이 매우 현실적이고 실용적이기 때문이다. 그는 사람들과의 원활한 대화 및 관계 구축을 위한 원칙과 기술을 다각도로 제시하고 이를 실생활에 적용하는 교육 방식을 취했다. 무엇보다 유명인부터 일반인에 이르기까지 다양한 인물의 성공 사례들을 광범위하게 소개하는데, 이러한 직관적 실증은 더 나은 인생을 사는 데 강력한 동기부여가 되어주었다.

이 책의 원서인《데일 카네기 인간관계론》은 1936년에 처음 출간된 것으로, '사람을 사귀고 사람들에게 영향을 미치는 법'을 다룬 '인간관계술'의 정수다. 거의 100년 전에 집필된 책이 시공을 초월하며 여전히 베스트셀러로 자리매김하고 있는 까닭은 동서양의 남녀노소 할 것 없이 그 누구에게나 인간관계의 핵심 원리를 체계적으로 짚어주고 이해시키며 실질적 솔루션을 제공해주기 때문이다. 카네기는 사람들의 생활상을 오랜 기간 관찰하면서 인간의 심리와 행동 패턴을 깊이 통찰했고, 이를 토대로 성공적인 인간관계를 위한 지침을 총 4부 30장에 걸쳐 제시해놓았다. 이를 통해 수많은 사람의 인생을 성공적으로 변화시켰다.

이 책《데일 카네기 여자를 위한 인간관계론》은 이러한 오리지널 원서의 핵심을 추출해놓은 요약본이라고 할 만한데, 제목에서 보듯 순전히 여성 독자들을 위해 편역했다. 가부장적 남성 중심의 사례 등 오늘날의 정서와 동떨어진 내용을 가능한 한 걷어내고 여성 독자들이 좀 더 편안히 공감하며 읽을 수 있도록 하는 데 역점을 두었다. 그럼에도 일부 사례는 여성들의 시선과 다소 거리가 있는데, 이는 카네기가 제시한 지침의 강조 차원에서 부득이 살렸음을 밝혀둔다. 물론 카네기가 제시한 핵심 지침들은 모두 원서 그대로 살렸다.

카네기의 제안처럼 이 책을 효과적으로 활용하는 방법 9가지는 다음과 같다.

1. 인간관계 원칙을 체화하겠다는 깊고 강한 열망을 키운다.
2. 각 장을 두 번씩 읽은 뒤 다음 장으로 넘어간다.
3. 책을 읽으면서 자주 중단하고 각각의 방법을 어떻게 적용할 것인지 생각한다.
4. 중요한 내용이 나오는 부분마다 밑줄을 긋는다.
5. 책의 내용을 매달 다시 확인하며 복습한다.
6. 기회가 있을 때마다 책에서 배운 인간관계 원칙을 적용한다. 일상의 갖가지 문제를 해결하는 데 이 책을 실용 안내서로 생각한다.
7. 책에서 배운 원칙을 어길 때마다 친구 등의 주변 사람들에게 소정의 벌금을 내는 게임을 해본다.
8. 매주 진행 상황을 확인한다. 어떤 실수를 저질렀는지, 어

떤 발전이 있었는지, 앞날을 위해 어떤 교훈을 얻었는지 자문한다.

9. 이 책에서 배운 인간관계 원칙을 언제, 어떻게 적용했는지 책 뒷부분에 마련한 양식을 활용하여 기록한다.

실제로 많은 커리어 우먼이 카네기의 '인간관계론'으로 성공적인 인생을 살고 있다. 그녀들은 카네기의 성공 지침에 따라 매일 사람들과 소통하면서 자기 사신을 가꾸고 발전을 도모한다. 그렇게 끊임없이 자기계발을 하면서 저마다 사회에 자리 잡고 있다. 그녀들이 데일 카네기의 인간관계론으로 성공했듯, 이 책을 읽는 모든 여성 또한 함께 발전하며 더 나은 인생을 만들어가길 바란다.

'데일 카네기의 인간관계론으로 당당하고 능력 있는 여성, 우아하고 매력적인 여성 되기!'

이 책을 편역한 궁극의 목적이다.

데일 카네기를 대신하여

미리내공방

CONTENTS

3 PART

사람들을 설득하는 법

4 PART

리더의 소통:
감정을 상하게 하거나 분노를 일으키지 않으면서
사람을 변화시키는 법

이 책을 3장까지 읽었음에도
인생 문제 해결 능력이 딱히 나아지지 않는다면,
나는 이 책을 완전한 실패작으로 여기겠다.
"교육의 가장 큰 목표는 지식을 얻는 게 아니라 실천하는 것이다"라고
허버트 스펜서가 말했기 때문이다.
이 책은 실천하기 위한 책이다.

How to win friends & Influence people
for Woman

1
PART

사람을 대하는 기본 기술

1

꿀을 모으고 싶다면
벌집을 차지 말라

자신의 이름을 딴 백화점을 설립한 존 워너메이커가 한번은 이런 고백을 했다.

"30년 전에 나는 남을 비난하는 건 어리석은 짓이라는 걸 알았습니다. 신이 지성이라는 재능을 공평하게 나누어주지 않으셨다는 사실을 두고 괴로워하지 않아도 제 한계를 극복할 문제는 충분히 있었습니다."

워너메이커는 일찌감치 이런 교훈을 얻었다. 하지만 개인적으로 나는, 어떤 잘못을 저질렀든 100명 중 99명은 자기를 비판하지 않는다는 걸 알게 되기까지 30년 넘게 이러한 세상 속에서 실수를 저질러야만 했다.

비판은 헛된 짓이다. 사람은 비판받으면 방어적인 태도를 보이고, 대개 자신을 정당화하려 애쓰기 때문이다. 비판은 위험하다. 비판은 사람의 소중한 자존심에 상처를 입히고, 자신이 중요한 인물이라는 생각을 해치고, 분개하게 만들기 때문이다.

세계적으로 유명한 심리학자인 스키너는 실험을 통해 이 사실을 증명했다. 실험에서 착한 행동을 했을 때 보상을 받은 동물은 나쁜 행동으로 벌을 받은 동물보다 학습 속도가 훨씬 빨랐고, 배운 내용을 훨씬 효과적으로 기억했다. 훗날 진행된 연구에 따르면 사람도 마찬가지라고 한다. 비판은 우리의 행동에 지속적인 변화를 가져오지 못하고, 보통 분개하게 만든다.

또 다른 위대한 심리학자 한스 셀리에는 말했다.

"우리는 인정을 바라는 만큼 비난을 두려워한다."

비판 때문에 분개한 직원, 가족, 친구는 의기소침해질 뿐 상황은 달라지지 않는다.

비판이 헛된 짓이라는 점을 보여주는 예는 역사적으로도 쉽게 찾아볼 수 있다. 예를 들어 시어도어 루스벨트 대통령과 태프트 대통령 사이에 있었던 유명한 다툼을 보자. 이 다툼 때문에 공화당이 분열되었고, 우드로 윌슨이 백악관에 입성했다. 그들의 다툼으로 말미암아 제1차 세계대전에 미국이 참전하면서 역사의 흐름을 바꾸었다.

사실관계를 빠르게 확인해보자. 1908년 퇴임한 시어도어 루스벨트 대통령은 다음 대통령으로 선출된 태프트를 지지했다. 그러고 나서는 아프리카에 사자를 사냥하러 갔다. 그런데 미국으로 돌아왔을 때 그는 폭발했다. 시어도어 루스벨트 대통령은 태프트의 보수주의를 맹비난했고, 자신의 3선 지명을 확보하기 위해 애쓰며 불무스당을 창당했다. 이로 말미암아 공화당은 거의 무너질 지경이었다. 이후 이어진 선거에서 윌리엄 하워드 태프트 대통령과 공화당은 버몬트주와 유타주, 이렇게 겨우 2개 주에서만 승리했다. 공화당 역사상 가장 처참한 패배였다.

시어도어 루스벨트 대통령은 태프트를 탓했다. 하지만 태프트 대통령은 자책했을까? 당연히 아니다. 눈물을 글썽이며 태프트는 말했다.

"제가 한 것과 어떻게 다르게 할 수 있었을지 모르겠습니다."

탓해야 할 사람은 누구였을까? 루스벨트 대통령이었을까, 태프트였을까? 솔직히 나는 모르겠고, 신경 쓰지도 않는다. 내가 하려는 말은 시어도어 루스벨트 대통령이 온갖 비판을 쏟아부었지만, 태프트는 자신의 잘못을 인정하지 않았다는 것이다. 그저 태프트는 자신을 정당화하려 애썼고, 눈물을 글썽이며 이렇게 말했을 뿐이다.

"제가 한 것과 어떻게 다르게 할 수 있었을지 모르겠습니다."

인간의 본성상 잘못을 저지른 사람은 세상 모두를 탓해도 자신을 탓하지 않는다. 사람은 누구나 그렇다. 비판은 편지를 전하는 비둘기와 같다는 사실을 깨닫자. 그래서 항상 우리에게 돌아온다. 우리가 고치려 하고 비난하는 사람은 아마 자신을 정당화하고 역으로 우리를 비난할 거라는 걸 깨닫자. 아니면 부드럽게 대응했던 태프트처럼 "제가 한 것과 어떻게 다르게 할 수 있었을지 모르겠습니다"라고 이야기할 것이다.

남북전쟁 중에 링컨은 몇 번이나 새로운 장군을 포토맥군의 대장으로 임명했다. 매클레넌, 포프, 번사이드, 후커, 미드 등 각 장군은 돌아가며 비극적인 실수를 저질러 링컨을 절망에 빠뜨렸다. 나라의 반이 이러한 무능력한 장군들을 맹렬하게 비난했지만, 링컨은 '누구에게도 악의를 품지 않고, 모든 이에게 관용을 베푸는' 마음가짐으로 평화를 유지했다. 그는 '심판받지 않으려거든 남을 심판하지 말라'는 말을 즐겨 인용했다.

부인과 다른 사람들이 남부 사람들에 관해 험담하면 링컨은 이렇게 말했다.

"남부 사람들을 비판하지 마시오. 같은 상황에 놓였다면 우리도 그들처럼 했을 것이오."

여러분은 바꾸고 싶고, 통제하고 싶고, 개선하고 싶은 사람이 있는가? 좋다! 그래도 괜찮다. 나는 전적으로 찬성한다. 그런데 우리 자신에서부터 시작해보는 건 어떨까? 순전히 이기적인 관점으로 보자면 나부터 달라지는 게 다른 사람을 개선하려 애쓰는 것보다 훨씬 이득이다. 그렇다. 그리고 감수해야 할 위험도 훨씬 적다.

"너희 집 문간이 더러운데 이웃집 지붕에 눈이 온다고 불평하지 마라."

공자가 말했다.

내가 사람들에게 깊은 인상을 남기려 애쓰던 젊은 시절,

한때 미국 문학 지평에서 큰 존재감을 지녔던 작가 리처드 하딩 데이비스에게 바보 같은 편지를 썼다. 나는 작가들에 관한 잡지 기사를 준비하고 있었고, 데이비스 작가에게 글 쓰는 방법을 이야기해달라고 부탁했다. 그 편지를 쓰기 몇 주 전 나는 누군가로부터 편지를 받았는데 편지 아래에 이렇게 쓰여 있었다.

'받아 쓴 글로, 교정하지 않았음.'

나는 이 구절이 무척 마음에 들었다. 편지를 쓴 사람이 아주 거물이고, 바쁘고 중요한 사람인 게 틀림없다고 생각했다. 나는 조금도 바쁘지 않았지만, 데이비스 작가의 관심을 끌고 싶었다. 그래서 짧은 편지 아래에 그렇게 썼다.

'받아 쓴 글로, 교정하지 않았음.'

데이비스 작가는 답장을 쓰는 수고는 들이지 않았다. 그저 내 편지 아래에 다음 문장을 휘갈겨 쓴 뒤 돌려보냈다.

'당신의 무례함을 넘어설 수 있는 건 당신의 무례함뿐일 것이오.'

내가 어리석은 실수를 저지른 건 사실이었고, 아마 이런 질책을 받을 만한 행동이었을 것이다. 하지만 나도 사람이기에 억울했다. 너무 억울했던 나머지 그로부터 10년 뒤 데

이비스 작가의 부고 기사를 읽었을 때도 그에게 받았던 상처가 여전히 떠올랐다(인정하기는 부끄럽지만).

수십 년이 지나도 누군가의 마음에 맺혀 죽을 때까지 남을 분노를 일으키고 싶다면 약간 신랄하게 그 사람을 비판하면 된다. 그게 아무리 정당한 비판이라고 확신하더라도 말이다.

사람을 대할 때는 논리적인 존재를 대하는 게 아니라는 점을 기억하라. 우리는 감정적인 존재, 편견으로 가득한 존재, 자존심과 허영에서 힘을 얻는 존재를 상대하는 것이다.

혹평은 영국 문학을 풍성하게 만든 훌륭한 소설가 토머스 하디를 영원히 절필하게 했다. 비판은 영국의 시인 토머스 채터턴을 자살로 내몰았다.

어린 시절에 요령이 없던 벤저민 프랭클린은 사람을 대하는 데 외교적으로 아주 수완이 있는 인물로 성장했고, 훗날 프랑스 주재 미국 대사가 되었다. 그의 성공 비결은 무엇일까? 그는 이렇게 말했다.

"저는 누구의 험담도 하지 않고…… 내가 아는 모든 사람의 좋은 점만 이야기합니다."

남을 비판하고, 비난하고, 불평하는 건 바보라도 할 수 있다. 그리고 대체로 바보는 그렇게 한다. 하지만 남을 이해하고 용서하려면 인격과 자제심이 필요하다. 칼라일은 말했다.

"훌륭한 사람은 약자를 대하는 모습에서 훌륭함을 보여준다."

사람들을 비난하는 대신 이해하려 애써보자. 그들이 왜 그렇게 했는지 알아내려 해보자. 그게 비판하기보다 훨씬 더 이득이 되고 흥미롭다. 그렇게 할 때 넌지시와 관용, 친절함이 생겨난다.

"전부 아는 건 전부 용서하는 일이다."

존슨 박사는 말했다.

"여러분, 하나님은 그의 날이 끝날 때까지 사람들을 심판할 것을 말하지 않으셨습니다."

그런데 왜 여러분과 내가 사람들을 심판해야 할까?

원칙 1

비판, 비난, 불평하지 말라.

인간관계의
큰 비밀

누군가에게 무슨 일이든 시킬 수 있는 유일한 방법이 있다. 어떤 방법일까? 바로 그 사람이 하고 싶어 하게 만드는 것이다.

명심하라. 다른 방법은 없다.

물론 옆구리에 권총을 들이대면 상대방은 기꺼이 자기 시계를 우리에게 건네고 싶어질 것이다. 해고하겠다는 위협으로 직원들을 우리한테 협조하게 만들 수 있다. 때리거나 위협하면 아이는 우리가 원하는 대로 할 것이다. 하지만 이런 거친 방법은 매우 바람직하지 않은 영향을 미친다.

상대가 어떤 일을 하게 할 유일한 방법은 그 사람이 원하는 걸 주는 것이다.

여러분은 무엇을 원하는가?

심리학자 지그문트 프로이트에 따르면 사람을 움직이는 두 가지 동인은 성적 욕구와 위대해지고 싶은 마음이라고 한다.

미국에서 가장 심오한 철학자인 존 듀이는 조금 다르게 표현했다. 듀이 박사는 인간 본성에서 가상 깊은 욕구는 '중요한 사람이고 싶다는 마음'이라고 했다. '중요한 사람이고 싶다는 마음'이라는 이 표현을 기억하라. 중요한 내용이다. 이 책에서 자주 보게 될 표현이다.

여러분은 무엇을 원하는가? 많지는 않겠지만 분명 원하는 것이 몇몇 있을 것이고, 원한다는 걸 부정할 수 없을 것이다. 대부분 사람은 다음과 같은 것을 원한다.

- 건강과 장수
- 음식
- 수면
- 돈과 돈으로 살 수 있는 것

- 앞으로의 인생
- 성적 만족
- 자녀의 안녕
- 자신이 중요한 존재라는 느낌

위 사항 대부분은 보통 얻을 수 있다. 하지만 한 가지 바람(음식이나 수면에 관한 욕구만큼 깊고 필수적인 바람이다)은 좀처럼 만족시킬 수가 없다. 이것이 바로 프로이트가 말한 '위대해지고 싶은 마음'이다. 듀이가 말한 '중요한 사람이고 싶다는 마음'이다.

링컨은 '모든 사람이 칭찬을 좋아한다'라는 문장으로 시작하는 편지를 쓴 적이 있다. 윌리엄 제임스는 이렇게 말했다.

"인간 본성의 가장 깊은 원리는 인정받고 싶다는 열망이다."

제임스는 '바람'이나 '욕구' 혹은 '원함'이라고 말하지 않았다. 인정받고 싶다는 '열망'이라고 했다.

이것이 우리를 괴롭히는, 인간의 흔들림 없는 갈망이다. 누구든 다른 이의 가슴속 열망을 완전히 만족시킬 수 있다면 그 사람을 마음대로 부릴 수 있다. 심지어 이런 사람이 죽으면 장의사도 안타까워할 것이지만 이런 인물은 소수다.

자신이 중요한 사람이라는 느낌을 원한다는 점이 인간과 동물 사이의 주요 차이점이다. 예를 들어보자. 내가 미주리주의 농장에서 살던 어린 시절 아버지는 질 좋은 듀록 저지 품종의 돼지와 좋은 혈통을 지닌 얼굴 하얀 소를 키우셨다. 우리는 마을 축제나 중서부 지방 가축 쇼에 키우던 돼지와 얼굴 하얀 소를 출품하곤 했다. 점수를 매기면 우리 집 동물이 우승하곤 했다. 아버지는 우승 때 받은 파란 리본을 하얀 모슬린 천 위에 꽂아두고 친구나 손님이 우리 집에 오면 기다란 모슬린 천을 꺼내 보여주곤 하셨다. 아버지는 손님에게 파란 리본을 보여주는 동안 천의 한쪽 끝을 잡으셨고 반대쪽 끝은 내가 잡고 있었다.

돼지는 자신이 우승해서 받은 파란 리본에 그다지 신경 쓰지 않았다. 하지만 아버지는 그러셨다. 그런 상은 아버지께 자신이 중요한 사람이라는 느낌을 갖게 했다.

우리의 선조들에게 자신이 중요한 사람이 되고 싶다는 불타는 욕구가 없었더라면 문명이 발생하는 건 불가능했을지도 모른다. 또한, 우리는 그저 동물과 다를 바 없었을 것이다.

교육도 제대로 받지 못한 가난한 식료품점 점원이 15센트에 산 중고 가재도구 더미 아래에서 찾은 법률책을 공부하는 것은 중요한 사람이 되고 싶다는 바람 때문이다. 여러분도 아마 그 점원의 이름을 들어본 적 있을 것이다. 그가 바로 링컨이다.

디킨스가 불후의 소설을 쓴 것도 중요한 사람이 되고 싶다는 바람 때문이었다. 그런 바람 때문에 영국의 건축가 크리스토퍼 렌 경은 조화로운 석조 건축물을 설계했고, 록펠러는 써보지도 못할 수백만 달러를 모았다! 또한, 이런 바람 때문에 마을에서 가장 잘사는 사람은 실제 필요한 면적보다 훨씬 더 넓게 집을 짓는 것이다.

우리가 최신 스타일의 옷을 입고 싶어 하고, 최신형 차를 몰고 싶어 하고, 잘나가는 자식 얘기를 하고 싶어 하는 것도 이런 욕구가 있기 때문이다.

많은 청소년이 갱단에 가입해 범죄 행위에 연루되는 것도 중요한 사람이 되고 싶다는 바람 때문이다. 뉴욕시 경찰국장을 지냈던 멀루니에 따르면, 평균적인 젊은 범죄자는 자부심으로 가득하고 체포 후에는 가장 먼저 본인을 영웅처럼 소개한 소름 끼치는 신문을 달라고 부탁한단다. 스포츠 스타, 영화나 TV 스타, 정치인들의 사진과 같은 지면에 실린 모습을 흡족하게 바라보는 한, 불쾌한 수감 기간에 관한 전망 등은 멀기만 한 이야기일 뿐이다.

여러분이 자신이 중요한 사람이라는 느낌을 어떻게 얻는지 말해준다면, 나는 여러분이 어떤 사람인지 말해줄 수 있다. 그 방법이 여러분의 인격을 결정하며, 여러분에 관한 가장 중요한 점이다. 예를 들어 록펠러는 한 번 본 적도, 앞으로 볼 일도 없는 가난한 수백만 명이 이용할 현대적 병원을 중국 베이징에 세우는 데 쓰일 논을 기부하는 방법으로 사신이 중요한 사람이라는 느낌을 얻었다. 반면 존 딜린저는 도둑질, 은행강도, 살인을 하면서 존재의 중요성을 느꼈다. 미네소타주에서 FBI 요원에게 쫓길 때 그는 농가로 달려가 말했다.

"제가 딜린저예요."

딜린저는 자신이 공공의 적 1호라는 사실을 자랑스러워했다.

"해치지 않을 겁니다. 저는 딜린저예요!"

그는 이렇게 말했다.

그렇다. 딜린저와 록펠러 사이의 중요한 차이점은 존재의 중요성을 확인하는 방법에 있다.

역사 속에서도 존재의 중요성을 느끼기 위해 고군분투한 유명인들의 재미있는 예를 찾을 수 있다. 조지 워싱턴조차 '미합중국 대통령 각하'라고 불리고 싶어 했다. 콜럼버스는 '대양 제독 및 인도 총독'이라는 직위명을 내세웠다. 러시아의 예카테리나 대제는 '황제 폐하'라고 적혀 있지 않은 편지는 열어보지 않았다. 링컨 부인은 백악관에서 호랑이처럼 그랜트 부인에게 덤비며 소리쳤다.

"내가 앉으라는 말도 하지 않았는데 감히 앉아 있다니!"

1928년 버드 제독의 남극 탐험 비용을 지원한 백만장자들은 남극에 있는 얼음 산에 자신의 이름을 따 명명한다는 조건으로 돈을 냈다. 빅토르 위고는 파리라는 도시 이름이 자신의 이름을 따서 새로 지어지기를 열망했다. 가장 강력한 예로 셰익스피어조차 가문의 문장을 사서 자신의 이름에 영광을 더하려 했다.

때로 사람들은 연민과 관심을 얻고 존재의 중요성을 느끼기 위해 병이 나기도 한다. 예를 들어 매킨리 부인을 보자. 매킨리 부인은 미국 대통령인 남편이 중요한 공무를 제쳐두고 몇 시간씩 자기 곁에서 팔베개해주며 자신을 재워줄 것을 강요했다. 그런 식으로 자기 존재의 중요성을 느꼈다. 매킨리 부인은 치과 치료를 받는 동안에도 남편에게 곁에 있으라고 요구하면서 관심받는 욕구를 채웠는데, 한번은 남편이 존 헤이 국무장관과 예정된 만남을 가지기 위해 치과에 부인을 두고 떠났다가 난리가 나기도 했다.

예전에 작가 메리 로버츠 라인하트가 밝고 활기찬 젊은 여성이 존재의 중요성을 느끼기 위해 앓아누운 이야기를 내게 해준 적이 있다.

"어느 날 갑자기 이 여성은 어떤 문제에 맞닥뜨렸어요. 아마 그녀의 나이 문제였던 것 같아요. 앞으로도 혼자일 날들이 계속될 테고 기대할 만한 일도 거의 남아 있지 않았어요. 그녀는 앓아눕고 말았습니다. 그리고 10년 동안 나이 든 어머니가 3층에 있는 여성의 방을 드나들며 음식을 나르고 간호했죠. 그러던 어느 날 병간호에 지친 노모가 쓰러져 돌아가셨습니다. 병든 여성은 몇 주 동안 슬퍼했지만, 이후에는 자리를 털고 일어나 옷을 입고 다시 살아가기 시작했어요."

일부 전문가에 따르면 사람은 현실이라는 거친 세계에서 부정당한 존재의 중요성을 광기의 세계에서 찾기 위해 실제로 미쳐버린다고 한다. 미국에서는 다른 모든 질병을 합한 것보다 정신 질환으로 고통받는 환자가 더 많다.

무엇이 사람을 미치게 하는가?

이런 포괄적인 질문에 답할 수 있는 사람은 없겠지만, 매독 같은 몇 가지 특정 질병은 뇌세포를 무너뜨리고 파괴해 정신 이상으로 이어지게 한다고 알려져 있다. 사실 모든 정신 질환의 절반은 뇌병변 장애, 술, 독극물, 외상 같은 물리적 원인에서 기인한다. 하지만 나머지 절반(여기가 이야기의 끔찍한 부분이다), 정신 이상을 앓는 사람 가운데 나머지 절반은 분명 뇌세포에 조직적으로 아무런 이상이 없다. 부검을 통해 그들의 뇌 조직을 최대 출력의 현미경으로 연구해보니 우리의 뇌 조직과 똑같이 분명 건강한 상태였다.

그렇다면 이 사람들은 어쩌다 정신이 이상해진 것일까?

나는 국내 최고의 정신병원 원장에게 물어보았다. 이 주제에 관한 연구 지식으로 최고의 영예와 사람들이 부러워하는 상을 받은 이 의사는 정신 이상이 찾아오는 이유는 자신도 알 수 없다고 나에게 솔직히 말했다. 그 이유를 확실히 아는 사람은 아무도 없다. 하지만 그는 정신 이상을 얻는 사람 대부분이 현실 세계에서 확인할 수 없었던 자기 존재의 중요성을 광기 속에서 찾는다고 했다. 그리고 이런 이야기를 들려주었다.

"저는 지금 결혼생활이 엉망인 한 환자를 치료하고 있습니다. 이 여성은 결혼을 통해 사랑, 성적 만족감, 아이, 사회적 명성을 얻고 싶었지만, 삶은 그런 희망을 모두 망쳐버렸어요. 남편은 그녀를 사랑하지 않았습니다. 심지어 함께 식사하는 것도 거부했고, 2층에 있는 자기 방으로 식사를 가져다 달라고 했습니다. 이분에게는 자녀도 없었고, 사회적 지위도 없었어요. 그녀는 정신이 이상해졌습니다. 상상 속에서 그녀는 남편과 이혼했고 결혼 전 쓰던 이름을 다시 씁니다. 지금 그녀는 자신이 영국 귀족과 결혼했다고 믿으며 스미스 부인으로 불러달라고 한답니다. 그리고 아이 문제에 대해서는 지금 매일 밤 새로 아이를 낳는다고 상상하고 있어요. 제가 회진을 갈 때마다 '선생님, 제가 지난밤 아이를 낳았어요'라고 말합니다."

현실이라는 날카로운 암초에 그녀가 가졌던 꿈의 배는 산산이 조각났다. 하지만 정신 이상자의 햇살이 빛나는 환상의 섬나라에서 그녀의 범선은 돛대에 순풍을 받으며 항구로 달려간다.

"비극적인 일이냐고요? 글쎄, 저는 모르겠습니다."

원장이 말했다.

"제가 환자의 정신을 돌려놓을 수 있다고 해도 그렇게 하지 않을 겁니다. 지금 모습 그대로가 훨씬 행복하거든요."

자기 존재의 중요성에 지나치게 목맨 나머지 그걸 얻으려고 실제로 정신을 놓아버리는 누군가가 있는 거라면, 우리가 사람들이 지닌 광기의 이면을 솔직하게 인정해주었을 때는 어떤 기적을 이룰 수 있을지 상상해보라.

미국 기업에서 최초로 100만 달러 이상의 연봉을 받은 사람은 찰스 슈와브였다(당시에는 소득세가 없었고, 1주일에 50달러를 벌면 잘 버는 것으로 여겼다). 슈와브는 앤드루 카네기의 눈에 띄었고, 1921년 US스틸 최초의 사장이 되었다. 그의 나이 불과 38세의 일이었다(나중에 슈와브는 당시 경영 문제를 겪고 있던 베슬리헴스틸을 매입하기 위해 US스틸을 떠났다. 그리고 베슬리헴스틸을 미국에서 가장 수익이 좋은 회사로 재건했다).

앤드루 카네기는 무엇 때문에 찰스 슈와브에게 1년에 100만 달러, 하루에 3,000달러 이상씩 급여를 주었을까? 왜 그랬을까? 슈와브가 천재였기 때문에? 아니다. 슈와브가 다른 사람보다 철강 제조 공정에 관해 많이 알아서? 말도 안 된다. 찰스 슈와브는 자신보다 철강 제조에 관해 잘 아는 직원을 많이 두고 있다고 내게 직접 말했었다.

슈와브에 따르면, 자신이 이렇게 많은 급여를 받았던 건 대체로 그의 인간관계 능력 때문이었다고 한다. 나는 슈와브에게 비결을 물어보았다. 여기에 그 비결을 그가 한 말 그대로 옮긴다. 영원히 보존할 수 있도록 동판에 새겨 우리나라의 모든 가정과 학교, 상점과 사무실에 걸어두어야 할 말이다. 아이들이 라틴어 동사의 활용이나 브라질의 연간 강수량 따위를 외우며 시간을 낭비하는 대신 이 말을 외워야 하며, 우리가 마음에 새기고 살면 인생이 바뀔 수밖에 없는 그런 말이다.

"제 생각에 사람의 열정을 불러일으키는 게 제가 지닌 능력인 것 같습니다. 이것은 제가 가진 가장 큰 자산인데, 사람을 최고의 모습으로 발전시키는 방법은 그 사람을 인정하고 용기를 북돋아주는 것입니다. 상사의 비판만큼 직원의 의욕을 꺾는 것도 없습니다. 저는 절대 어떤 직원도 비판하지 않아요. 저는 직원을 일하게 하려면 유인을 주어야 한다고 믿습니다. 그래서 직원을 열심히 칭찬하지만, 결점을 찾는 건 매우 싫어합니다. 직원이 한 일이 마음에 들면 진심으로 인정하고 칭찬을 아끼지 않습니다."

이것이 바로 슈와브가 했던 일이다. 하지만 일반적인 사람들은 어떻게 할까? 정확히 반대로 한다. 직원이 한 일이 마음에 들지 않으면 소리를 지른다. 하지만 마음에 들면 아무 말도 하지 않는다. '한 번 잘 못하면 언제든 혼난다. 하지만 두 번 잘해도 칭찬받는 일은 없다'라는 옛 2행시처럼!

슈와브는 분명히 말했다.

"저는 폭넓게 사람들과 어울리고 전 세계 다양한 지역 출신의 훌륭한 사람을 많이 만납니다. 하지만 아무리 훌륭하고 지위가 높은 사람이라도 비판받을 때보다는 인정받을 때 일을 훨씬 잘하고, 더 큰 노력을 기울였습니다."

솔직히 슈와브가 말한 내용은 앤드루 카네기가 경이로운 성공을 거둘 수 있었던 남다른 이유이기도 하다. 카네기도 직원들을 대내외적으로 두루 칭찬했다.

카네기는 묘비에서조차 직원들을 칭찬하고 싶어 했다. 카네기가 직접 쓴 묘비명은 다음과 같다.

'자신보다 똑똑한 이를 주변에 두는 법을 알았던 사람, 여기에 눕다.'

존 록펠러 1세가 인간관계에서 성공을 거둔 비결 가운데 하나는 진심으로 상대를 인정해주는 것이었다. 예를 들면 사업 동료였던 에드워드 베드포드가 남미에서 잘못된 구매를 하는 바람에 회사에 100만 달러의 손실을 입혔을 때 록펠러는 이를 비판할 수도 있었다. 하지만 록펠러는 베드포드가 최선을 다했다는 걸 알고 있었다. 그리고 이미 벌어진 일이었다. 그래서 록펠러는 칭찬거리를 찾기 시작했다. 그는 투자 금액의 60%를 지켰다며 베드포드를 칭찬했다.

"훌륭해. 사람들이 항상 자네처럼 그렇게 머리를 잘 쓰지는 못해."

한때 나는 단식 유행에 빠져 엿새 밤낮 동안 식사를 하지 않은 적이 있었다. 그리 어렵지는 않았다. 엿새가 지나자 이틀이 지났을 때보다 배가 덜 고팠다. 하지만 알다시피 사람은 가족이나 직원이 엿새나 먹지 못한 채 지내면 도둑질할 생각까지 할 것이다. 그런데 음식만큼이나 필요한 진심 어린 칭찬과 인정은 6일, 6주, 때로 60년 동안도 하지 않는다.

당대 최고의 배우 알프레드 런트가 〈빈에서의 재회(Reunion in Vienna)〉에서 주연을 맡았을 때 이렇게 말했다.

"제 자존감을 키울 영양분만큼 필요한 건 없습니다."

우리는 자녀와 친구, 직원의 몸을 위한 영양분을 공급한다. 그런데 그들의 자존감을 키워주는 일은 얼마나 드문가? 힘을 내라며 로스트비프와 감자요리를 해주지만, 샛별의 노래처럼 수년 동안 상대의 기억 속에 남을 인정의 말은 왜 해주지 않을까?

폴 하비는 라디오 방송 〈나머지 이야기(The Rest of the Story)〉를 진행하면서 진심으로 상대를 인정하는 모습이 어떻게 한 사람의 인생을 바꿀 수 있는지 이야기했다. 하비의 방송에 따르면, 수년 전 디트로이트의 어느 선생님이 스티비 모리스에게 교실에서 사라진 쥐를 잡는 걸 도와달라고 부탁했다. 이는 선생님이 그 반의 누구도 가지지 못한 스티비만의 타고난 재능을 인정해준 일이었다. 스티비는 눈이 먼 대신 놀라운 청력을 타고났다. 하지만 누군가가 스티비의 타고난 청력을 알아봐준 건 정말 처음이었다. 수년이 흐른 뒤 지금 그는 당시 선생님이 인정해주신 덕분에 새로운 인생이 시작되었다고 말한다. 그때부터 모리스는 청각이라는 재능을 살렸고, 훗날 스티비 원더라는 예명으로 70년대 위대한 가수이자 작곡가가 되었다.

지금 이 책을 읽는 독자 중에는 이런 말을 하는 이도 있을 것이다.

"오, 이런! 아첨하라고! 아무 소용 없는 아첨! 아첨은 이미 해봤지만, 효과가 없었어. 똑똑한 사람에게는 통하지 않아."

물론 사람 보는 눈이 있는 상대에게 아첨이 효과를 내는 경우는 드물다. 아첨은 얕고, 이기적이고, 진실하지 못하다. 그래서 실패할 수밖에 없고 대개는 실패한다. 물론 며칠 굶은 사람이라면 풀이나 지렁이라도 먹는 것처럼 타인의 인정에 너무 목말라서 아무것이나 삼키는 사람이 일부 있기는 하지만 말이다.

　빅토리아 여왕조차 아첨에 약했다. 벤저민 디즈레일리 총리는 여왕을 대할 때는 아첨을 했다고 고백했다. 디즈레일리 총리의 말을 그대로 옮기자면 그는 '흙손으로 벽에 바르듯이' 아첨했다고 한다. 하지만 디즈레일리 총리는 광대한 대영제국을 통치한 총리 가운데 가장 세련되고, 능수능란하고, 노련한 정치인이었다. 그는 이 방면의 천재였다. 그가 효과를 본 방법이 우리에게도 유효하리란 법은 없다. 장기적으로 보면 아첨해서 얻는 것보단 잃는 게 많다. 아첨은 거짓된 마음에서 나오며, 마치 위조 화폐처럼 다른 사람에게 전했다가는 결국 곤란해지고 말 것이다.

　칭찬과 아첨의 차이는 무엇일까? 간단하다. 칭찬은 진실한 마음에서 나오고, 아첨은 진실하지 못한 마음에서 나온다. 칭찬은 마음에서 전하는 말이고, 아첨은 입으로만 하는 소리이다. 칭찬에는 사심이 없고, 아첨에는 사심이 있다. 칭찬은 보편적으로 사람들이 좋아하고, 아첨은 보편적으로 사람들이 비난한다.

최근에 나는 멕시코시티의 차풀테펙 궁전에서 멕시코의 영웅 알바로 오브레곤 장군의 동상을 보았다. 동상 아래에는 오브레곤 장군의 철학에서 나온 현명한 말이 새겨져 있었다.

'공격해 오는 적을 두려워 말고, 아첨하는 친구를 두려워하라.'

아니, 아니, 아니다! 나는 아첨하라 권하는 게 아니다! 아첨과는 거리가 멀다. 내가 이야기하는 건 인생을 살아가는 새로운 방식이다. 다시 한번 이야기하겠다. 나는 인생을 살아가는 새로운 방식에 관해 이야기하고 있다.

영국 국왕 조지 5세는 버킹엄 궁전의 서재 벽에 6가지 금언을 걸어두었다. 그중 하나는 다음과 같았다.

'값싼 칭찬은 하지도 말고, 받지도 말라.'

아첨은 값싼 칭찬일 뿐이다. 전에 아첨의 정의를 읽은 적이 있는데 다시 떠올려볼 만한 내용이었다.

'아첨은 정확히 상대방이 자신에 관해 스스로 생각하는

바를 말해주는 것이다.'

사상가 겸 시인 랠프 왈도 에머슨이 말했다.

"말하려는 대로 말하라. 우리는 마음과 다른 말은 결코 할 수 없다."

아첨만 해서 그걸로 된다면 너도나도 아첨할 것이고 모두 인간관계 전문가일 것이다.

사람은 명백한 문제에 관해 생각하지 않을 때는 보통 95%의 시간에 자신을 생각한다. 이제 잠시 자신에 관한 생각을 멈추고 다른 사람의 좋은 점에 관해 생각한다면, 입 밖으로 채 나오기도 전에 들통날 그런 싸구려 거짓 아첨에 기대지 않아도 된다.

살면서 사람들이 가장 신경 쓰지 않는 미덕은 칭찬이다. 어찌 된 일인지 우리는 자녀가 학교에서 좋은 성적표를 가져와도 칭찬을 소홀히 하고, 아이들이 처음으로 케이크를 굽거나 새집을 짓는 데 성공해도 격려하지 못한다. 부모가 관심을 보이고 칭찬해주는 것만큼 아이들을 기쁘게 하는 건 없는데도 말이다.

다음번에 식당에서 맛있는 필레미뇽 스테이크를 먹을 때는 주방장에게 훌륭한 음식이었다는 말을 전하고, 영업사원이 피곤할 텐데도 드물게 친절하다면 고맙다고 말하라.

인간관계를 맺을 때는 주변 사람들이 모두 칭찬에 굶주려 있다는 점을 절대 잊어서는 안 된다. 위조 화폐인 아첨과 달리 칭찬은 법정 화폐이며, 모든 이가 즐긴다.

일상 속에서 작은 감사를 표하며 다정함의 흔적을 남기려 애쓰라. 그런 우호적인 행동의 작은 불꽃이 다음번에 어떻게 횃불처럼 커져 있는지 놀라게 될 것이다.

상처를 주는 방식으로는 사람을 바꿀 수 없다. 이는 결코 해서도 안 되는 방식이다. 다음은 내가 매일 볼 수 있도록 잘라서 거울에 붙여놓은 격언이다.

이 길은 단 한 번 지나간다. 그러니 다른 사람에게 해줄 수 있는 좋은 일이나 보여줄 수 있는 친절함이 있다면 지금 그렇게 하자. 뒤로 미루지도, 외면하지도 말자. 이 길은 다시 올 수 없을 테니.

에머슨은 이렇게 말했다.
"만나는 모든 사람이 어느 면에서는 나보다 낫다. 그러니 누구에게나 배울 점이 있다."

에머슨이 누구에게서든 배움을 얻었다는 게 사실이라면 우리에겐 천 배는 더 사실인 이야기 아닐까? 우리가 이루어 낸 것, 우리가 원하는 것에 관해서는 그만 생각하고 상대의 좋은 점을 찾아보려 애써라. 그리고 아첨은 잊어라. 그 대신 솔직하고 진심 어린 칭찬을 건네라.

'진심으로 인정하고 칭찬을 아끼지 말라.'

사람들은 여러분이 건넨 말을 평생에 걸쳐 소중히 여기고 아끼며 계속 떠올릴 것이다. 여러분이 그런 말을 건넸다는 걸 잊은 뒤에도 상대방은 오랫동안 떠올릴 것이다.

원칙 2

솔직하고 진심 어린 칭찬을 건네라.

이 일을 할 수 있는 사람은 온 세상을 얻고, 할 수 없는 사람은 외로운 길을 걷는다

여름에 종종 낚시하러 메인주에 간다. 개인적으로 나는 딸기와 크림을 무척 좋아하는데, 희한하게도 물고기는 벌레를 더 좋아한다. 그래서 낚시하러 갈 때는 내가 원하는 건 생각하지 않는다. 물고기가 원하는 걸 생각한다. 미끼로 딸기와 크림을 쓰지 않는다. 그 대신 물고기들 앞에 벌레와 메뚜기를 흔들며 말한다.

"이거 먹고 싶지 않아?"

그런데 왜 사람을 낚을 때는 같은 상식을 적용하지 않는 걸까?

제1차 세계대전 당시 영국의 총리였던 로이드 조지는 그렇게 했다. 누군가가 그에게, 미국의 윌슨이나 이탈리아의 올랜도, 프랑스의 클레망소처럼 같은 전쟁을 겪은 다른 국가 지도자들은 잊혔는데도 어떻게 여전히 권력의 자리에 머물러 있는지 그 비결을 물었다. 로이드 조지는 자신이 최고의 자리에 남을 수 있었던 비결이 하나 있다면 물고기에 맞는 미끼를 던져야 한다는 걸 배웠기 때문이라고 대답했다.

왜 우리가 원하는 것에 관해서만 이야기할까? 그건 어린 아이 같은 짓이며, 어리석은 행동이다. 물론 우리는 자신이 원하는 바에 관심이 있다. 거기에 영원히 관심을 보일 것이다. 하지만 다른 사람은 그렇지 않다. 다른 사람도 우리와 마찬가지이다. 사람은 자신이 원하는 바에 관심을 쏟는다.

그러므로 다른 사람을 움직일 세상에서 유일한 방법은
상대가 원하는 바에 관해 이야기하고
그걸 얻을 방법을 보여주는 것이다.

내일 누군가에게 어떤 일을 시킬 때 이 점을 명심하라. 예를 들어 자녀가 담배 피우는 걸 원하지 않는다면 설교를 늘어놓지 말라. 여러분이 원하는 바에 관해서는 이야기하지 않아야 한다. 그 대신 담배를 피우면 농구팀에 들어가지 못한다거나 100미터 달리기에서 우승할 수 없다는 걸 보여주라.

아이건 송아지건 침팬지건 간에, 어떤 존재를 대할 때든 기억해두면 좋은 방법이다. 예를 들어보자. 어느 날 랠프 왈도 에머슨과 그 아들이 송아지를 외양간에 넣으려 했다. 하지만 사람들이 흔히 그렇듯 자신이 원하는 바만 생각하는 실수를 저질렀다. 에머슨이 송아지를 밀고, 아들은 송아지를 잡아끈 것이다. 하지만 송아지도 에머슨 부자와 똑같이 자신이 원하는 바에 관해 생각하고 있었다. 그래서 다리로 버티면서 고집스럽게 풀밭을 떠나기를 거부했다. 아일랜드 출신의 하녀가 이들이 곤경에 처한 모습을 보았다. 하녀는 글이나 책을 쓰지는 못했지만 적어도 말이나 소에 관한 문제에는 에머슨보다 상식이 풍부했다. 그래서 송아지가 원하는 바가 무엇일지 생각했고 송아지의 입에 손가락을 넣어 엄마 젖을 빨리듯 하고는 외양간으로 부드럽게 끌고 갔다.

태어난 날부터 지금까지 해온 모든 행동은 자신이 무언가 원했기 때문이다. 적십자에 큰돈을 기부했을 때는 어땠을까? 그렇다. 거기에도 예외는 없다. 적십자에 기부한 건 자신이 도움의 손길을 내밀고 싶었기 때문이다. 아름답고, 사심이 없는, 신성한 행위를 하고 싶었던 건 바로 자기 자신이다.

'너희가 여기 내 형제 중에 지극히 작은 자 하나에게 한 것이 곧 내게 한 것이다(마태복음 25:40).'

돈을 원하는 마음보다 기부하고 싶다는 마음이 크지 않았다면 기부는 하지 않았을 것이다. 물론 기부를 거절하기가 부끄러웠다거나 고객이 기부해달라고 부탁해서였을 수도 있다. 그래도 한 가지는 확실하다. 여러분이 무언가 원했기 때문에 기부가 이루어진 것이다.

작가이자 교수인 해리 오버스트리트는 우리의 이해를 돕는 저서 《인간의 행동을 움직이는 법(Influencing Human Behavior)》에 이렇게 썼다.

'행동은 우리가 근본적으로 원하는 바에서 나온다. 직장, 가정, 학교, 정계, 어디에서든 남을 설득하려는 사람이 있다면 그 사람에게 줄 수 있는 최고의 조언은 다음과 같다. 먼저, 상대에게 간절히 바라는 마음을 불러일으켜라. 이 일을 할 수 있는 사람은 온 세상을 가질 수 있다. 할 수 없는 사람은 외로운 길을 걷는다.'

스코틀랜드 출신으로 처음 일하기 시작했을 때 시간당 2센트를 받던 가난한 청년 앤드루 카네기는 훗날 사회에 3억 6,500만 달러를 기부했다. 그는 다른 사람을 움직일 유일한 방법은 상대가 원하는 바를 이야기하는 것이라는 사실을 일찌감치 배웠다. 앤드루 카네기가 학교에 다닐 수 있었던 건 고작 4년뿐이었다. 그래도 그는 사람을 다룰 줄 알았다.

카네기의 제수는 두 아들을 몹시 걱정했다. 두 아들은 예일대학교에 다니고 있었는데, 학교생활로 몹시 바빠 집에 편지를 잘 보내지 않았고 어머니가 걱정하는 편지를 보내도 전혀 신경 쓰지 않았다.

그때 카네기가 자신은 조카들에게 부탁하지 않고도 답장을 받을 수 있다며 100달러 내기를 제안했다. 누군가가 내기에 응하는 사람이 나섰고, 카네기는 조카들에게 격의 없는 편지를 쓰면서 추신에 둘에게 각각 5달러씩을 동봉한다고 언급했다. 하지만 편지에 돈을 넣지는 않았다.

얼마 지나지 않아 '친애하는 앤드루 삼촌께'를 말머리로 하여 친절한 편지를 보내주셔서 감사하다는 답장이 왔다. 그다음 내용은 말하지 않아도 짐작이 갈 것이다.

내일 여러분은 다른 사람에게 어떤 일을 하라고 설득해야 할지 모른다. 말을 꺼내기 전에 잠시 멈추고 스스로 질문하라.

"이 사람이 이걸 하고 싶게 하려면 어떻게 해야 할까?"

그러면 우리가 원하는 바에 관해서만 이야기하는 소용없는 짓을 하며 상황을 경솔하고 급하게 몰아가는 걸 막을 수 있다.

지난날 나는 연속되는 수업을 진행하기 위해 뉴욕의 어느 호텔에 매 시즌 20일 동안 그랜드볼룸을 대관한 적이 있었다. 그러다 어느 한 시즌이 시작할 때 호텔로부터 이전 가격의 세 배에 달하는 대관료를 내야 한다는 통보를 갑자기 받았다. 강연 입장권을 전부 인쇄해 돌리고 강연 안내도 전부 끝난 뒤에야 도착한 통보였다.

당연히 나는 인상된 대관료를 내고 싶지 않았지만, 호텔에 내가 원하는 바를 말하는 게 무슨 소용이겠는가? 호텔은 호텔대로 그들이 원하는 바에만 관심을 가질 뿐이다. 그래서 이틀 뒤 나는 호텔 지배인을 만나러 갔다.

내가 말했다.

"대관료 인상 안내서를 받고 좀 놀랐습니다. 하지만 지배인님을 탓하고 싶은 마음은 전혀 없습니다. 제가 지배인님 입장이라면 저도 비슷한 안내서를 보냈겠지요. 호텔의 관리인으로서 지배인님의 의무는 가능한 한 수익을 늘리는 것일 테니까요. 그렇게 하지 않으면 해고될 테고 해고되어야만 하는 일이겠죠. 자, 이제 종이에 제가 내야 할 대관료를 인상했을 때 지배인님께서 얻으실 이익과 손해를 적어봅시다."

나는 종이를 꺼내 가운데에 줄을 긋고 한쪽에 '이익'이라는 제목과 그 아래에 '연회장 대관 가능'이라고 썼다. 그러고는 말을 이었다.

"대관료를 인상하시면 연회장이 비게 될 테고 그러면 댄스 공연이나 다른 모임 장소로 대관할 수 있습니다. 그건 큰 장점이지요. 그런 행사라면 강연보다 높은 대관료를 받을 수 있으니까요. 제가 강연 시즌마다 20일씩 연회장을 차지하고 있으면 호텔에서는 수익 높은 행사를 놓치는 일이라는 건 분명합니다.

이제, 손해에 관해 생각해봅시다. 대관료를 올리시면 호텔 수입이 늘어나는 게 아니라 줄어들게 됩니다. 사실 줄어드는 게 아니라 수입이 아예 없어지는 거죠. 왜냐하면, 저는 호텔에서 요구하는 금액을 내지 못할 테니 어쩔 수 없이 다른 장소로 옮겨 강연할 수밖에 없으니까요.

그 외에도 지배인님께서 손해 보는 일은 또 있습니다. 교육 수준이 높고 교양 있는 사람들이 제 수업을 들으러 이 호텔로 많이 옵니다. 호텔 입장에서는 좋은 광고 기회이지요. 그렇지 않을까요? 사실 신문에 5,000달러를 내고 광고를 신는다 해도 제 수업을 들으러 와 호텔을 둘러보는 이들만큼 많은 사람을 모으지는 못할 겁니다. 호텔에는 큰 가치가 있는 일이죠. 안 그렇습니까?"

지배인과 이야기하는 동안 나는 '손해'라는 제목 아래에 두 가지 내용을 썼다. 그리고 종이를 지배인에게 건네주며 말했다.

"이익과 손해될 부분, 양쪽을 전부 잘 생각해보시길 바랍니다. 그리고 제게 최종 결정을 알려주세요."

다음 날 나는 대관료 인상 안내서를 다시 받았는데 인상분은 300%가 아닌 50%에 그쳤다.

내가 원하는 바에 관해서는 한마디도 하지 않고 대관료 인상분을 줄였다는 점을 알아주기를 바란다. 계속 나는 상대방이 원하는 바와 그것을 어떻게 얻을 수 있을지를 이야기했다.

내가 사람들이 흔히 하는 대로 반응했다고 해보자. 지배인 사무실로 쳐들어가서 이렇게 말했다고 생각해보라.

"강연 입장권 인쇄가 끝나고 강연 안내도 끝났다는 걸 알면서 대관료를 300%나 올리다니 무슨 짓입니까? 300%라고요! 말도 안 되죠! 저는 이 돈 못 냅니다."

그랬다면 어떻게 되었을까? 옥신각신 말싸움이 시작되면서 감정이 격해졌을 것이다. 그리고 대개의 말싸움이 어떤 식으로 끝나는지 여러분도 알 것이다. 지배인의 행동이 잘못되었다는 걸 이해시켰다 해도 그는 자존심 때문에 뒤로 물러서 내 말에 동의하기가 어려웠을 것이다.

다음은 인간관계의 기술에 관한 최고의 조언이다. 헨리 포드가 말했다.

"성공의 비결이 한 가지 있다면 그건 자신뿐 아니라 다른 사람의 시각을 이해하고 그것을 통해 볼 줄 아는 능력에 있다."

정말 간단하고 분명한 이야기이므로 누구나 한눈에 이해할 수 있다. 그런데 이 세상 사람 열에 아홉은 열 번 중 아홉 번은 무시한다.

뉴욕의 은행에서 일하는 바버라 앤더슨은 아들의 건강 문제 때문에 애리조나주 피닉스로 이사하고 싶었다. 그래서 앤더슨은 강좌에서 배운 원칙을 적용하여 피닉스에 있는 은행 12곳에 다음과 같은 편지를 보냈다.

친애하는 관계자분들께

귀사처럼 빠르게 성장하는 은행에서는 업계에서 10년간 쌓아 올린 제 경력에 관심이 있으실 것 같습니다.

저는 뉴욕의 뱅커스 트러스트 은행에서 은행 오퍼레이션 분야의 다양한 업무를 맡았고 현재는 지점장으로 일하고 있습니다. 그동안 고객 관리, 신용 부분, 대출과 사무 지원 업무를 포함해 모든 은행 업무 분야의 기술을 익혔습니다.

저는 5월에 피닉스로 이주하며 제가 귀사의 성장과 수익 창출에 이바지할 수 있다고 확신합니다. 4월 첫째 주에 피닉스를 방문할 예정인데 귀사가 사업 목표를 달성하는 데 제가 어떤 도움을 드릴 수 있는지 보여드릴 기회를 주시면 감사하겠습니다.

바버라 L. 앤더슨 드림

앤더슨은 이 편지의 답장을 받았을까? 편지를 보낸 12곳의 은행 가운데 11곳에서 면접을 제안했고, 앤더슨은 어느 은행의 제안을 수락할지 선택권을 가지게 되었다. 어떻게 이런 결과를 얻을 수 있었을까? 그건 앤더슨이 편지에서 자신이 원하는 바를 말한 게 아니라 상대 은행에 자신이 어떤 도움을 줄 수 있는지를 썼기 때문이다. 앤더슨은 자신이 원하는 바가 아니라 은행에서 원하는 바에 편지의 초점을 맞추었다.

오늘도 수천 명의 영업 담당자가 거리를 누비고 있다. 피곤한 몸을 이끌고 낙심한 채로 다니는 그들은 적은 보수를 받고 일한다. 왜 그럴까? 항상 자신이 원하는 바에 관해서만 생각하기 때문이다. 누구도 무언가를 살 마음이 없다는 걸 깨닫지 못한다. 살 마음이 있었다면 밖에 나가서라도 샀을 것이다. 하지만 우리는 언제나 자신의 문제를 푸는 일에는 관심을 가진다. 영업 담당자가 자신이 제공하는 서비스나 상품이 우리의 문제를 해결하는 데 어떻게 도움 되는지 보여줄 수 있다면 우리에게 애써 서비스나 물건을 팔지 않아도 우리가 알아서 살 것이다. 고객은 영업에 못 이겨 샀다는 느낌보다 스스로 사는 느낌을 좋아한다.

하지만 영업 담당자들은 고객의 시각에서 상황을 보지 않은 채 제품이나 서비스를 팔려고 애쓰면서 평생을 보낸다. 예를 들어보자. 나는 다년간 포레스트 힐스에 살았다. 뉴욕

외곽 지역 중심부에 있으며 단독 주택이 모여 있는 작은 동네이다. 어느 날 급하게 기차역으로 가고 있는데 이 동네에서 오랫동안 집을 매매하고 있는 부동산 중개업자를 우연히 만났다. 포레스트 힐스에 관해 잘 아는 사람이었기에 나는 얼른 회반죽으로 마감해서 지은 우리 집의 미장 바탕에 금속망을 썼는지 속이 빈 타일을 썼는지 물어보았다. 부동산 중개업자는 잘 모르겠다고 대답하며 포레스트 힐스 정원 협회로 전화하면 알 수 있을 거라는, 내가 이미 아는 이야기만 했다. 다음 날 아침 나는 그 부동산 중개업자로부터 편지를 받았다. 내가 원하는 정보가 담긴 편지였을까? 전화 한 통이면 1분 만에 알 수 있었을 텐데 그는 그렇게 하지 않았다. 그 대신 내게 포레스트 힐스 정원 협회로 전화하면 궁금한 내용을 알 수 있을 거라는 얘기를 다시 한번 하고서는 자신이 내 보험을 담당하게 해달라고 부탁했다.

그는 나를 돕는 일에는 관심이 없었다. 그가 관심을 가졌던 건 자신에게 도움이 되는 일뿐이었다.

앨라배마주 버밍엄에 사는 하워드 루카스는 같은 회사에 근무하는 영업 담당자 두 명이 같은 상황에 각각 어떻게 대처하는지 이야기해주었다. 그의 이야기는 다음과 같았다.

몇 년 전 저는 작은 회사에서 경영진으로 일하고 있었습니다. 우리 회사 근처에는 대형 보험 회사의 지역 본부 사무실이 있었어요. 그 회사에서 일하는 보험 판매 담당자에게는 영업 담당 구역이 배정되었고, 우리 회사를 담당하는 직원도 두 명 있었는데 칼과 존이라고 부르겠습니다.

어느 날 아침 칼이 우리 사무실에 들러서 회사에서 임원 고객을 위한 생명 보험 상품이 막 새로 나왔는데 우리가 나중에 관심이 생길지 모른다며 신상품에 관해 더 알게 되면 다시 들르겠다고 가볍게 이야기했습니다.

같은 날 외출했다가 사무실로 돌아오는 길에 존이 우리를 보고는 소리쳤습니다.

"루크 씨, 잠시만요. 여러분에게 정말 좋은 소식 하나가 있어요."

존은 급하게 다가와 자신의 회사에서 바로 그날 출시한 임원 고객을 위한 생명 보험 신상품의 내용을 아주 신나게 이야기했습니다(칼이 가볍게 이야기했던 것과 같은 상품이었죠). 존은 우리가 제일 먼저 가입하기를 바랐습니다. 우리에게 보장 내용에 관해 몇 가지 중요한 사실을 전하더니 이렇게 끝을 맺었어요.

"이 상품은 막 출시된 참이라서 내일 본사에서 담당자가 나와 상품 설명을 해줄 거예요. 자, 그러는 동안 담당자가 내일 더 많은 정보를 가지고 설명할 수 있도록 먼저 가입신청서를 작성해주세요."

우리는 상품의 자세한 보장 내용도 몰랐지만, 존의 열정 덕분에 가입하고 싶다는 마음이 강해졌습니다. 보험 회사에서는 존이 처음 이해하고 우리에게 설명해준 내용이 바르다고 확인해주었고, 존은 우리에게 상품을 팔기만 한 게 아니라 나중에 보장 내용을 두 배로 늘려주었습니다.

칼도 그렇게 할 수 있었지만, 그는 우리에게 가입하고 싶다는 마음이 생기게 하려는 어떠한 노력도 하지 않았어요.

세상은 기회를 잡으려는 사람과 자기 본위로 움직이는 사람으로 가득하다. 그러므로 드물게 사심 없이 다른 사람을 위하려는 사람은 막강한 이점을 지닌다. 경쟁할 일이 거의 없기 때문이다. 유명한 변호사이자 미국의 위대한 비즈니스 리더인 오웬 영은 다음과 같이 말했다.

"다른 사람의 입장에 설 수 있는 사람, 다른 사람의 마음이 어떻게 움직이는지 아는 사람은 앞으로 무슨 일이 기다리고 있을지 절대 걱정할 필요가 없다."

여러분이 이 책을 읽고 나서 딱 한 가지, 항상 다른 사람의 관점에서 생각하고 그들의 시각에서 상황을 바라보려는 경향이 커졌다는 내용만 익히면 그것이 여러분 경력의 토대가 된다는 걸 쉽게 알 수 있을 것이다.

다른 사람의 관점에서 상황을 바라보고 그들이 무언가 간절히 원하도록 한다는 걸, 나에게만 득이 되고 상대에게는 손실이 되는 일을 하도록 상대의 마음을 조종하는 것으로 이해하면 안 된다. 협상의 당사자는 양쪽 모두 협상을 통해 얻는 게 있도록 해야 한다. 앤더슨의 편지에서도 은행은 귀중한 직원을 얻고 앤더슨은 적합한 일자리를 얻음으로써 양측 모두 이기는 상황이었다. 루카스에게 보험을 판매했던 존의 사례에서도 거래를 통해 양측 모두에게 이익이 발생했다.

오버스트리트 교수의 현명한 조언을 다시 떠올려보자. 먼저, 상대에게 간절히 바라는 마음을 불러일으켜라. 이 일을 할 수 있는 사람은 온 세상을 가질 수 있다. 할 수 없는 사람은 외로운 길을 걷는다.

우리 수업을 들으러 온 수강생 한 명은 자신의 어린 아들이 걱정스러웠다. 어린 아들은 아직 오줌을 가리지 못하고 있었다.

아이는 할머니와 한 침대에서 잤다. 아침이면 할머니가 일어나서 이불이 젖었다고 야단을 쳤다.

"조니야, 어젯밤 네가 또 오줌을 쌌구나."

그러면 아이가 말했다.

"아니에요, 제가 그런 게 아니에요. 할머니 오줌이잖아요."

이불에 오줌을 싸지 말라고 야단도 쳐보고, 엉덩이도 때려보고, 망신을 주기도 하고, 타일러보기도 했지만 그 어떤 방법도 효과가 없었다. 그래서 부부는 생각해보았다.

'어떻게 하면 우리 아이가 이불에 오줌을 싸지 않게 할 수 있을까?'

아이가 원하는 건 무엇이었을까? 첫째, 아이는 할머니 같은 나이트가운 대신 아빠처럼 파자마를 입고 싶어 했다. 할머니는 손자가 밤에 이불에다 오줌 싸는 데 진저리를 내고 있었기 때문에 손자가 달라진다면 기꺼이 파자마를 사주겠다고 했다. 둘째, 아이는 자신만의 침대를 원했다. 할머니도 반대하지 않았다.

아이의 엄마가 브루클린에 있는 백화점에 아이를 데려가

서 판매 사원에게 눈짓하며 말했다.

"여기 꼬마 신사분이 사고 싶은 게 있대요."

판매 사원은 "꼬마 신사님, 어떤 제품을 보여드릴까요?"라고 응대하며 아이에게 자신이 중요한 고객이라는 느낌이 들도록 해주었다.

아이는 몇 센티미터 정도는 더 커 보이게 서서 이렇게 말했다.

"제가 쓸 침대를 사고 싶어요."

판매 사원이 엄마 마음에 드는 침대를 아이에게 보여주자 엄마가 판매 사원에게 눈짓을 보냈다. 판매 사원은 이 침대가 좋겠다고 아이를 설득했다.

다음 날 침대가 배송되었다. 그리고 그날 밤 아빠가 퇴근해서 집에 들어왔을 때 어린 아들은 현관으로 달려와 소리쳤다.

"아빠! 아빠! 위층으로 와서 제가 산 제 침대 좀 보세요!"

침대를 본 아빠는 찰스 슈와브의 충고처럼 진심으로 인정하고 칭찬을 아끼지 않았다.

"이 침대에는 오줌 싸지 않겠구나, 그렇지?"

아빠가 말했다.

"안 싸요, 안 싸! 이 침대에는 오줌 싸지 않을 거예요."

자존심이 걸린 문제였기에 아들은 약속을 지켰다. 그건 자신의 침대였다. 자신이 스스로 골라서 산 침대였다. 그리고 이제는 어리지만, 남자로서 파자마를 입고 있었다. 행동도 어른스럽게 하고 싶었다. 그래서 아들은 그렇게 했다.

이 수업을 같이 들었던 또 다른 수강생인 더치만은 전화 기사로 일했는데, 그는 세 살 난 딸에게 아침을 먹이지 못하고 있었다. 흔히 하듯 혼내기, 부탁하기, 구슬리기 등 온갖 방법을 다 써보았지만, 소용이 없었다. 그래서 아이의 부모는 생각했다.

"어떻게 하면 딸아이가 아침을 먹고 싶다고 생각하게 할 수 있을까?"

어린 딸아이는 엄마를 흉내 내며 어른이 된 것 같은 기분을 느끼기를 좋아했다. 그래서 어느 날 아침 부부는 딸아이를 의자 위에 앉혀두고 아침을 만들게 했다. 딱 좋은 순간에 아빠가 부엌으로 들어섰는데 아이가 시리얼을 저으며 말했다.

"아빠, 보세요! 오늘 아침에는 제가 시리얼을 만들고 있어요."

딸아이는 부모가 구슬리지 않아도 시리얼을 두 그릇이나 먹었다. 시리얼을 직접 만들며 흥미를 느꼈기 때문이다. 자신이 중요한 사람이라는 감정을 느낀 것이다. 아이는 시리얼을 만드는 일로 자기표현의 방법을 찾았다.

작가 윌리엄 윈터는 "자기표현은 인간 본성의 주요 욕구이다"라고 말했다. 어째서 이와 같은 심리학을 사업상의 거래에 적용하지 못할까? 번뜩이는 아이디어가 떠올랐을 때 그걸 내 아이디어가 아니라 마치 그들의 것인 듯 그들 스스로 그 아이디어를 적용하게 하라. 그러면 사람들은 그것을 스스로 생각해낸 아이디어로 여기고 좋아하면서 열심히 따를 거다.

명심하라.

'먼저, 상대에게 간절히 바라는 마음을 불러일으켜라. 이 일을 할 수 있는 사람은 온 세상을 가질 수 있다. 할 수 없는 사람은 외로운 길을 걷는다.'

원칙 3
상대에게 간절히 바라는 마음을 불러일으켜라.

1

PART

사람을 대하는 기본 기술

원칙 1 :
비판, 비난, 불평하지 말라.

원칙 2 :
솔직하고 진심 어린 칭찬을 건네라.

원칙 3 :
상대에게 간절히 바라는 마음을 불러일으켜라.

How to win friends & Influence people
for Woman

PART 2

사람들에게 사랑받는 법

이렇게 하면 어디서나
환영받는다

친구 사귀는 법을 알고 싶어서 이 책을 읽고 있는가? 왜 세상에 알려진 친구 사귀기 달인의 기술을 공부하지 않는가? 누가 친구 사귀기의 달인인가? 여러분은 내일 길을 가다 그를 만날지 모른다. 3미터 정도로 거리가 가까워지면 그는 꼬리를 흔들기 시작할 것이다. 여러분이 가던 길을 멈추고 쓰다듬으면 펄쩍 뛰어올라 그가 얼마나 우리를 좋아하는지 보여줄 것이다. 그리고 우리는 그가 이처럼 애정을 표하는 데 숨은 의도는 아무것도 없다는 걸 안다. 우리에게 부동산을 팔려는 것도 아니고, 우리와 결혼하고 싶어서 그러는 것도 아니다.

생존을 위해 일하지 않아도 되는 유일한 동물이 개라는 걸 생각해본 적 있을까? 닭은 알을 낳아야 하고, 소는 젖을 짜야 하고, 카나리아는 노래를 불러야 한다. 하지만 개는 사람에게 사랑만 주면서 살아간다.

우리 아버지는 내가 다섯 살 때 50센트를 주고 노란 털을 가진 작은 강아지를 사 오셨다. 강아지는 유년기의 내게 빛이자 기쁨이었다. 매일 오후 4시 30분경이면 강아지는 앞뜰에서 예쁜 눈으로 집으로 들어오는 길을 보며 꼼짝도 하지 않고 앉아 있었다. 그러다 내 목소리가 들리거나 덤불 사이로 저녁 도시락통을 흔들며 걸어오는 내 모습이 보이면 쏜살같이 출발해 숨도 쉬지 않고 언덕 위로 달려 올라와 너무 기뻐서 팔짝팔짝 뛰고 짖으며 나를 맞아주었다.

강아지 티피는 5년 동안 변함없는 내 친구였다. 그러던 어느 비극적인 밤(절대 잊을 수 없는 밤이다)에 내게서 3미터도 떨어지지 않은 가까운 거리에서 벼락을 맞아 숨졌다. 티피의 죽음은 내 어린 시절의 비극이었다.

티피, 너는 심리학 서적을 읽은 적은 없었지. 읽을 필요가 없었으니까. 너는, 다른 사람의 관심을 끌려고 애써서 2년 동안 사귀는 친구보다 다른 사람에게 진실한 관심을 먼저 보여서 2개월 만에 사귈 수 있는 친구가 더 많다는 걸 타고 난 본능으로 알았어.

다시 한번 말하자면, 2년 동안 다른 사람이 내게 관심을 두게 하려고 애썼을 때보다 2개월 동안 다른 사람에게 관심을 먼저 가졌을 때 더 많은 친구를 사귈 수 있다.

하지만 평생 다른 사람의 관심만 끌려고 애쓰는 실수를 저지르면서 살아가는 사람이 많다는 걸 우리는 알고 있다.

물론 그래서야 효과가 없다. 사람들은 남에게 관심을 두지 않는다. 여러분에게도 내게도 관심이 없다. 사람들의 관심은 자기 자신에게 있다. 아침에도 낮에도 저녁에도 늘 그렇다.

뉴욕 전화 회사에서 전화 통화 시 가장 자주 사용되는 단어가 무엇인지 자세히 연구했다. 역시 그건 인칭대명사 '나'였다. '나', '나'. '나'라는 단어는 500통의 전화 통화에서 3,900번 사용되었다. '나', '나', '나', '나'.

여러분은 사람들과 함께 찍은 단체 사진 속에서 누구를

가장 먼저 찾는가?

그저 사람들에게 내 인상을 남기려 들고 남의 관심을 끌려고 애쓰기만 하면 절대 진실하고 진심 어린 친구를 많이 사귈 수 없다. 친구, 진정한 친구는 그런 식으로 사귈 수 없다.

나폴레옹이 그런 방법을 시도했었다. 하지만 나폴레옹은 마지막으로 조세핀을 만났을 때 이렇게 말했다.

"조세핀, 나는 그 누구보다 운이 좋았소. 하지만 지금 내가 기댈 수 있는 이 세상 유일한 사람은 당신뿐이구려."

물론 역사학자들은 그가 조세핀에게 진짜로 의지할 수 있었을지는 의심스러워했다.

오스트리아 빈의 유명한 심리학자 알프레드 아들러는《심리학이란 무엇인가(What Life Should Mean to You)》라는 책을 썼다. 아들러는 이 책에서 이렇게 말한다.

'다른 이에게 관심이 없는 사람이야말로 인생에서 큰 어려움을 겪으며 남에게 큰 상처를 준다. 인간의 모든 실패는 그런 사람에게서 비롯된다.'

다양한 지식이 담긴 두꺼운 심리학책을 수십 권 읽어도 우리는 이보다 더 중요한 의미를 지니는 문장을 만나지 못할 것이다. 아들러의 말에는 깊은 의미가 있으므로 여기서 다시 한번 강조한다.

다른 이에게 관심 없는 사람이야말로

인생에서 큰 어려움을 겪으며 남에게 큰 상처를 준다.

인간의 모든 실패는 그런 사람에게서 비롯된다.

한번은 뉴욕대학교에서 단편 소설 쓰기 수업을 들은 적이 있었는데, 그때 일류 잡지의 편집자는 매일 자기 책상 위로 올라오는 수십 개의 이야기 가운데 하나를 골라 몇 문단만 읽어보면 작가가 사람을 좋아하는지 아닌지를 알 수 있다고 말했다. "작가가 사람을 좋아하지 않으면 사람들도 그 작가의 이야기를 좋아하지 않을 겁니다"라고 그가 말했다.

냉철한 편집장은 소설 쓰기 강의를 하다가 두 번 멈추고는 설교조가 되어 미안하다고 사과했다.

"목사님처럼 이야기하고 있지만 명심하십시오. 작가로 성공하고 싶다면 타인에게 관심을 가져야 합니다."

소설을 쓰는 데도 그렇다면 직접 얼굴을 마주하는 인간관계를 맺을 때는 더더욱 상대방에게 관심을 가져야 한다.

하워드 서스톤은 이름난 마술사이다. 서스톤이 브로드웨이에서 마지막 공연을 하던 어느 날 저녁, 나는 그의 분장실을 찾아가 함께 시간을 보냈다. 서스톤은 40년 동안 전 세계를 다니면서 환상을 일으켰고, 관객들을 홀렸다. 서스톤의 마술을 본 관객들은 깜짝 놀라 숨이 막힐 지경이었다. 6,000만 명 이상의 관객이 서스톤의 유료 공연을 보러 왔고, 그는 거의 200만 달러를 벌어들였다.

나는 서스톤에게 성공의 비밀을 알려달라고 부탁했다. 학력은 분명 성공과 전혀 관계가 없었다. 그는 어릴 때 가출해 떠돌이 일꾼으로 살면서 기차 화물칸을 얻어 탔고, 건초 더미 위에서 잤으며, 이집 저집 음식을 얻으러 다녔다. 그리고 기차 화물칸에서 밖을 내다보며 철로를 따라 붙어 있는 표지판을 보고 글 읽는 법을 배웠다.

서스톤은 남보다 뛰어난 마술 지식을 지녔을까? 그것도 아니다. 서스톤은 내게 마술의 손재주를 알려주는 책은 수백 권이나 있으며 자신만큼의 마술 지식을 갖춘 사람도 수십 명은 될 거라 말했다.

하지만 서스톤에게는 남들에게 없는 두 가지가 있었다. 첫째, 서스톤은 무대 위에서 자신의 개성을 드러내는 능력이 있었다. 그는 뛰어난 쇼맨이었다. 서스톤은 인간 본성을 알고 있었다. 그가 하는 모든 행동, 몸짓, 목소리, 억양, 눈썹을 올리는 움직임 하나까지 사전에 철저하게 연습했고, 마술 동작은 초 단위로 쪼개 시간을 쟀다. 그에 더해 서스톤은 사람들에게 진심으로 관심을 가졌다. 서스톤은 많은 마술사가 관객을 보면 이렇게 혼잣말한다고 알려주었다.

"좋아, 어리바리한 사람들이 잔뜩 모였군. 내가 전부 속여 줘야지."

하지만 서스톤은 전혀 달랐다. 그는 무대에 오를 때마다 스스로 이렇게 말한다고 했다.

"이분들이 내 공연을 보러 와주시다니 감사한 일이야. 덕분에 나는 하고 싶은 일을 하면서 살 수 있어. 공연에서 힘 닿는 데까지 최선을 다하는 모습을 보여드려야지."

서스톤은 먼저 "나는 관객을 사랑한다. 나는 관객을 사랑한다"라고 반복해서 말하는 일부터 하지 않고 무대에 오른 적은 단 한 번도 없다고 했다. 우스워 보인다고? 어리석은 짓이라고? 여러분은 좋을 대로 생각하면 된다. 나는 다만 내 의견을 보태지 않고 사상 최고의 유명 마술가가 사용했던 비법을 알려줄 뿐이다.

시어도어 루스벨트 대통령이 깜짝 놀랄 정도의 인기를 누린 비밀도 거기에 있었다. 심지어 시어도어 루스벨트 대통령의 고용인까지 그를 좋아했다. 루스벨트 대통령의 개인 비서였던 제임스 아모스는 《시어도어 루스벨트 대통령, 개인 비서의 영웅(Theodore Roosevelt, Hero to His Valet)》이라는 책에서 루스벨트 대통령의 모습을 분명하게 보여주었던 일을 소개한다.

한번은 우리 아내가 대통령님께 밥화이트종 메추라기에 관해 여쭤보았다. 아내는 한 번도 밥화이트종 메추라기를 본 적이 없었으므로 대통령님은 우리 아내에게 아주 자세히 설명해주었다. 얼마 뒤 우리가 사는 작은 집으로 전화가 걸려왔다. 아내가 전화를 받았는데 전화를 건 사람은 루스벨트 대통령님이었다. 대통령님이 직접 전화를 거신 건 아내에게 창밖에 밥화이트종 메추라기가 있으니 밖을 내다보라고 말씀하기 위해서였다. 이렇게 사소한 일에서 대통령님의 성품이 잘 드러난다. 대통령님은 우리 집 근처를 지날 때마다 우리가 보이지 않더라도 우리를 부르곤 했다.

"오, 애니?" 혹은 "오오, 제임스!" 하고 말이다. 그렇게 친근하게 인사를 건네다니!

그런 사람을 직원들이 어떻게 좋아하지 않을 수 있을까?
직원이 아닌 누구라도 그를 좋아하지 않을 수 있을까? 태프
트 대통령 부부가 백악관을 비웠을 때 퇴임한 루스벨트 대
통령이 백악관에 전화를 걸었다. 그러고는 예전 재직 시절
함께했던 모든 직원, 심지어 주방 보조까지 전부 이름을 부
르며 인사를 건넸다. 이 사실에서도 루스벨트 대통령이 평
범한 사람까지 정말 좋아했다는 걸 알 수 있다.

언론인 아치 버트는 이런 이야기를 썼다.

루스벨트 대통령은 주방일을 하는 앨리스를 보고 여전히
콘브레드를 만드는지 물어보았다. 앨리스는 직원들을 위해
종종 만들지만, 윗분들은 아무도 먹지 않는다고 대답했다.
그러자 루스벨트 대통령이 굵은 목소리로 말했다.
"맛을 모르는 사람들이로군. 대통령을 만나면 내가 알려드
려야겠네."
앨리스가 콘브레드 한 조각을 접시에 담아 루스벨트 대통
령께 가져다드리자 대통령은 그 빵을 먹으며 집무실로 걸

어갔고, 가는 길에 정원사 등 일하는 사람들을 만나면 일일이 인사를 나누었다.

그는 예전에 그랬던 것처럼 모두에게 말을 걸었다. 백악관에서 40년 동안 수석 총무비서관을 지낸 아이크 후버는 눈물을 글썽이며 말했다.

"거의 2년 만에 저희가 기쁘게 지낸 유일한 날이었습니다. 우리 중 누구도 100달러 지폐를 준다 해도 바꾸지 않을 날이었지요."

누군가에게 진심으로 관심을 기울이면 그 사람이 정말 바쁜 사람이라 해도 관심과 시간, 협조를 얻을 수 있다는 걸 개인적으로 경험한 적이 있다.

몇 년 전, 나는 브루클린 예술과학협회에서 소설 쓰기 강좌를 진행했다. 수업을 위해 나는 캐슬린 노리스, 패니 허스트, 아이다 타벨, 앨버트 페이슨 터휸, 루퍼트 휴즈처럼 저명한 작가들이 바쁜 와중에도 브루클린으로 와서 수강생들에게 그들의 글쓰기 경험을 들려주었으면 했다. 그래서 우리는 작가들에게 그들의 작품을 무척 좋아하고, 그래서 간절히 조언을 얻고 싶고 성공 비결을 알고 싶다는 편지를 썼다.

편지마다 약 150명의 학생이 서명했다. 우리는 작가들이 바쁠 거라는 건 알고 있다고, 너무 바빠서 강연 준비할 틈은 없을 거라는 이야기를 나누었다. 그래서 편지 안에 작가와 작업 방법에 관해 궁금한 점을 담은 질문 목록을 넣어 보냈다. 작가들은 질문 목록을 참 좋아했다. 싫어할 사람이 어디 있을까? 그래서 작가들은 브루클린까지 와서 우리를 도와주었다.

같은 방법으로 나는 시어도어 루스벨트 정부의 레슬리 M. 쇼 재무부 장관, 태프트 정부의 조지 위커샴 법무장관, 정치가 윌리엄 제닝스 브라이언과 프랭클린 D. 루스벨트를 비롯해 다른 수많은 저명인사를 설득해 내가 진행하는 대중 연설 수업 시간에 초대했고, 학생들에게 그들의 이야기를 들려줄 수 있었다.

사람은 누구나, 공장 노동자나 사무실 직원이나 심지어 왕관을 쓴 왕까지도 자신을 존경하는 사람을 좋아한다. 독일 황제 빌헬름 2세를 예로 들어보자. 제1차 세계대전이 끝났을 때 독일 황제 빌헬름 2세는 세상에서 가장 맹렬한 비판을 받은, 누구나 경멸하는 사람이었을 것이다. 심지어 조국인 독일조차 그에게 등을 돌렸고 그는 목숨을 부지하기 위해 네덜란드로 망명해야 했다. 빌헬름 2세를 향한 사람들의 증오심은 너무 강렬해서 수백만 명이 기꺼이 그의 사지를 갈가리 찢거나 화형에 처하고 싶어 할 정도였다. 이 모든 분노의 화염 속에서 한 아이가 빌헬름 2세에게 간단하지만, 진심 어린 편지를 썼다. 편지에는 친절함과 존경심이 담겨 있었다. 아이는 편지에서 다른 사람들이 어떻게 생각하든 자신은 황제로서의 빌헬름 2세를 언제나 사랑할 것이라고 했다. 빌헬름 2세는 편지에 크게 감명받았고, 자신을 만나러 오라고 아이를 초대했다. 아이는 어머니와 함께 황제를 만났고, 황제는 아이의 어머니와 결혼했다. 그 어린아이는 친구를 사귀고 사람을 움직이는 법을 배우기 위해 책을 읽을 필요가 없었다. 어떻게 해야 하는지 본능적으로 알고 있었기 때문이다.

친구를 사귀고 싶다면 다른 사람을 위해 나서서 무언가 해보자. 시간이나 에너지, 이타적인 마음과 사려 깊은 생각이 필요한 그런 일 말이다.

영국의 윈저 공작이 황태자이던 시절 남미 순방 일정을 소화할 때였다. 황태자는 출발하기 전 현지 언어로 연설할 수 있도록 몇 달에 걸쳐 스페인어를 배웠다. 그랬더니 남미 사람들이 정말 좋아했다.

수년 전부터 나는 친구들의 생일을 알아보려 애쓰고 있다. 어떻게 알아보고 있을까? 나는 점성술을 전혀 믿지 않지만, 다른 사람들에게 태어난 날이 성격이나 기질과 관련이 있다고 생각하는지 물어보면서 이야기를 시작한다. 그러고 나서 태어난 달과 날짜를 물어본다. 예를 들어 상대방이 11월 24일이라 답하면 혼잣말로 되뇐다.

"11월 24일, 11월 24일."

그러다 친구와 헤어지자마자 이름과 생일을 적어두었다가 나중에 생일 기록 수첩에 옮겨 적는다. 그러고는 신년이 시작될 때 자동으로 알 수 있도록 달력에 친구들의 생일을 표시해둔다. 친구의 생일날이 되면 나는 편지나 전보를 보낸다. 정말 성공적이었다! 나는 종종 세상에서 유일하게 친구의 생일을 기억하는 사람이었다.

친구를 사귀고 싶다면 활기차고 열정적인 모습으로 인사를 건네자. 누군가의 전화가 걸려 왔을 때도 같은 마음으로 받는다. 상대가 전화해주어서 내가 얼마나 기쁜지 드러나는 목소리로 "여보세요" 하며 전화를 받아라. 전화 상담원이 전화를 받을 때마다 전화 건 상대를 향한 관심과 열정이 느껴지는 어조의 목소리로 응답하도록 훈련하는 회사가 많다. 그렇게 하면 고객은 이 회사가 자신에게 관심을 두고 있다고 느끼기 때문이다. 내일 전화를 받을 때는 이 점을 기억하라.

다른 사람에게 진정한 관심을 보이면 친구를 사귈 수 있을 뿐 아니라 회사를 향한 고객의 충성심도 키울 수 있다. 뉴욕 노스 아메리카 내셔널 뱅크의 사보에 예금 고객인 매들린 로즈데일이 쓴 다음과 같은 편지가 실렸다.

귀사의 직원들에게 제가 얼마나 감사하고 있는지 말씀드리고 싶어요. 모든 직원분이 정말 공손하고, 예의 바르게 도움을 주십니다. 한참 기다린 뒤에 창구 직원분께서 상냥하게 맞아주시면 얼마나 기쁘던지요.

작년에 저희 어머니께서 다섯 달 동안 병원에 입원하셨습니다. 저는 마리 페트루첼로라는 창구 직원분을 자주 찾았습니다. 페트루첼로 씨는 저희 어머니를 걱정해주셨고, 병에 차도가 있는지 물어봐주셨습니다.

로즈데일이 이 은행을 계속 찾을 것이라는 사실에 한 치의 의심이라도 드는가?

아주 오래전 예수가 태어나기 100년 전에 고대 로마의 유명 시인 푸블릴리우스 시루스가 이렇게 말했다.

"우리는 우리에게 관심을 두는 사람에게 관심을 가진다."

인간관계를 위한 다른 모든 원칙이 그렇듯 관심을 보일 때는 진심이 있어야 한다. 그리고 관심을 보이는 사람뿐 아니라 관심을 받는 사람에게도 도움이 되어야 한다. 양쪽 모두가 이익을 얻는 양방향의 길일 필요가 있는 것이다.

뉴욕 롱아일랜드에서 우리 수업을 들은 마틴 긴스버그는 어느 간호사가 보여준 특별한 관심이 어떻게 자신의 인생에 깊은 영향을 끼쳤는지 이야기했다.

그날은 추수감사절이었고 저는 열 살이었습니다. 저는 시립 병원의 복지 병동에 입원해 있었고, 다음 날 정형외과에서 큰 수술을 받기로 되어 있었습니다. 앞으로 몇 달이나 병원에 갇혀 회복해야 하고 고통이 따를 수밖에 없을 것임을 알고 있었지요.

제 아버지는 일찍 돌아가셨습니다. 그랬기에 작은 아파트에서 어머니와 저, 단둘이 기초생활수급비를 받으며 살았습니다. 그날은 어머니가 병원에 올 수 없는 날이었고요.

시간이 흐를수록 외로움과 절망, 무서움에 사로잡혔어요. 어머니가 집에서 혼자 제 걱정을 하실 거란 걸 알고 있었거든요. 함께할 사람도, 함께 먹을 사람도 한 명 없고, 추수감사절 저녁을 먹을 만큼 돈도 여유롭지 못하다는 것도요.

그런 생각을 하자 눈물이 차올랐고, 저는 베개 아래에 얼굴을 묻고 이불을 뒤집어쓴 채 조용히, 하지만 비통하게 울었습니다. 너무 울어서 고통으로 몸이 아플 지경이었지요.

제가 흐느끼는 소리를 듣고 어린 학생 간호사 한 분이 다가와 이불을 걷어내고는 눈물을 닦아주었어요. 그리고 자신이 얼마나 외로운지, 추수감사절에 일해야 하고, 가족과 함께할 수 없다고 이야기해주었습니다. 그리고 제게 함께 저녁을 먹을 수 있는지 묻고는 2인분의 음식을 들고 왔습니다. 칠면조 구이를 자른 것, 으깬 감자, 크랜베리 소스와 디저트로 먹을 아이스크림도 있었습니다. 그분은 제게 말을 걸고 무서워하는 저를 진정시키려 애썼습니다. 오후 4시에 근무 시간이 끝났는데도 거의 밤 11시가 되도록 제 옆에 있어줬습니다. 저와 함께 게임도 하고 이야기도 나누고 제가 잠들 때까지 자리를 지켰지요.

열 살이었던 그해 이후로 추수감사절이 여러 번 지나갔지만 매해 그 추수감사절을 떠올립니다. 제가 느꼈던 좌절과 두려움, 외로움, 그리고 어떻게든 전부 참을 수 있게 해준 낯선 이의 따뜻함과 부드러운 마음씨를요.

다른 사람에게 사랑받고 싶다면, 진정한 우정을 쌓고 싶다면, 남을 돕는 한편 자기 자신을 돕고 싶다면, 다음의 원칙을 마음에 새겨라.

원칙 1

다른 사람에게 진심 어린 관심을 가져라.

좋은 첫인상을 남기는
간단한 방법

뉴욕에서 열린 어느 저녁 파티 자리에 유산을 상속받은 한 여성이 손님으로 참석했다. 그녀는 파티에 참석한 모든 사람에게 좋은 인상을 남기려 몹시 애쓰고 있었다. 모피와 다이아몬드, 진주 등에 상당한 돈을 마구 썼다. 하지만 얼굴에서는 심술과 이기심이 풍겼다. 그녀는 모든 사람이 다 아는 사실, 즉 몸에 걸친 옷보다 얼굴에 어린 표정이 훨씬 더 중요하다는 사실을 깨닫지 못한 것이었다.

찰스 슈와브는 내게 자신의 미소는 100만 달러의 값어치가 있다고 했다. 하지만 그건 사실을 과소평가한 것이다. 슈와브의 개성, 매력, 주위 사람들에게 사랑받는 능력 덕분에 그는 엄청난 성공을 거두었기 때문이다. 슈와브가 지닌 개성 가운데 정말 훌륭한 요소는 눈길을 사로잡는 그의 미소였다.

말보다 행동이 더 많은 의미를 전한다. 미소는 '저는 당신을 좋아해요, 당신이 저를 행복하게 해줍니다. 당신을 만나서 기뻐요'라는 뜻이다. 강아지가 그토록 사랑받는 이유이다. 강아지는 사람을 보면 몹시 기뻐하며 펄쩍 뛰어오른다. 그러니 자연스레 사람들도 강아지를 좋아한다. 아기의 미소도 마찬가지다.

병원 대기실에서 의사를 만나려고 초조하게 기다리는 침울한 사람들의 표정을 본 적 있는가? 미주리주 레이타운에서 수의사로 일하는 스티븐 스프라울 박사는 어느 평범한 봄날에 관해 이야기해주었다. 그날도 병원 대기실에는 애완동물에게 예방접종을 놔주려고 기다리는 사람들로 가득했다. 누구도 다른 사람에게 말을 걸지 않았는데, 저마다 대기실에서 '허비하는 시간'에 할 만한 수십 가지 다른 일을 생각하고 있는 듯했다. 스프라울 박사는 우리 수업 시간에 이렇게 말했다.

"손님 예닐곱이 대기실에서 기다리고 있는데, 젊은 여성이 9개월 된 아기와 고양이 한 마리를 데리고 들어왔습니다. 다행히 그 여성은 한 남성 옆에 앉았습니다. 그런데 그 남성은 늘어지는 진료 대기 시간 때문에 상당히 짜증이 나 있었습니다. 그런 그에게 그녀의 아기가 아기 특유의 함박웃음을 지어 보였습니다. 과연 그가 어떻게 했을까요? 여러분이나 저 또한 당연히 했을 행동, 아기를 향해 미소를 보냈습니다. 곧 그는 아기 엄마와 아기에 대해, 그리고 자신의 손주들에 대해 이야기를 나눴습니다. 그러자 대기실 안의 모든 사람이 대화에 참여했습니다. 지겨움과 긴장감으로 가득했던 대기실은 그렇게 즐겁고 기분 좋은 경험을 주는 장소로 바뀌었습니다."

가식적인 미소라면 어떨까? 그건 안 된다. 가식적인 미소로는 누구도 속일 수 없다. 가식적인 미소는 기계적이라는 걸 사람들은 알고 있으며 불쾌하게 여긴다. 여기서 내가 이야기하는 미소란 진짜 미소, 마음을 따뜻하게 하는 미소, 내면에서 우러나온 미소, 값진 미소를 말한다.

미시간대학교 심리학과의 제임스 맥코넬 교수는 미소에 관한 느낌을 이렇게 표현했다.

"미소 짓는 사람은 더 효과적으로 일을 관리하고, 더 효과적으로 사람들을 가르치며, 물건이나 서비스도 더 효과적으로 판매합니다. 그리고 미소 짓는 사람은 행복을 더 많이 느끼는 아이를 키웁니다. 찡그리기보다는 미소 지을 때 훨씬 더 많은 정보를 줄 수 있습니다. 그래서 벌을 주는 것보다 격려하는 게 훨씬 더 효과적인 교육 방법입니다."

뉴욕 대형 백화점의 인사팀장은 내게 "우울한 얼굴을 한 박사학위 소지자를 뽑느니, 차라리 초등학교를 졸업하지 못했더라도 유쾌한 미소를 짓는 사람을 뽑겠습니다"라고 말했다.

미소의 효과는 엄청나다. 미소가 보이지 않을 때조차 그렇다. 미국 전역의 전화 회사는 '전화의 힘'이라는 프로그램을 운영하는데, 이는 전화를 이용해 제품이나 서비스를 판매하는 직원을 위한 것이다. 이 프로그램에서는 전화로 이야기할 때 미소를 지으라고 당부한다. '미소'는 목소리를 통해서도 전해지기 때문이다.

오하이오주 신시내티의 한 회사에서 컴퓨터 부서 관리자로 일하는 로버트 크라이어는 좋은 사람을 찾기 어려운 자리에 적합한 지원자를 잘 찾는 방법을 이야기했다.

저는 우리 부서에 컴퓨터공학 박사학위를 가진 사람을 채용하려고 무척 애쓰고 있었습니다. 그러다 마침내 퍼듀대학교 졸업 예정인 이상적인 조건을 갖춘 청년을 찾았습니다. 전화로 몇 번 이야기를 나누다가 그가 다른 몇 군데 회사에서도 입사 제의를 받았다는 걸 알게 되었습니다. 그중에는 우리 회사보다 크고 유명한 회사가 많았어요.

그가 우리 회사의 입사 제의를 받아들였을 때 저는 정말 기뻤습니다. 그가 입사한 뒤 왜 다른 회사를 놔두고 우리 회사를 선택했는지 물어보았습니다. 그는 잠시 생각하더니 이렇게 말했습니다.

"전화로 이야기를 나눌 때 다른 회사의 관리자는 차갑고 사무적인 태도여서 그저 또 다른 업무를 본다는 생각밖에 안 들었는데, 부장님 목소리는 마치 제 전화를 받아 기쁜 것처럼 들렸거든요. 그래서 정말 저를 조직의 일원으로 원하고 있다고 생각했습니다."

확실히 아셨겠지만 저는 지금도 여전히 전화를 받을 때 미소를 짓습니다.

미국 최대 고무 회사 이사회의 회장은 자신이 관찰한 바에 따르면 어떤 일이든 즐기지 않으면서 성공하는 경우는 매우 드물다고 이야기했다. 업계의 리더인 그는 열심히 일하는 것만이 원하는 바를 이룰 마법의 열쇠라는 옛 속담을 그다지 믿지 않는다.

"저는 떠들썩하고 즐겁게 일했기 때문에 성공한 사람들을 알고 있습니다. 나중에 즐거움도 일이 되자 이들은 변했습니다. 일을 지겨워했고, 일 안에서 기쁨을 잊었고, 결국 실패하게 되더군요."

상대방이 나를 만나 즐겁기를 바란다면 내가 사람들을 만나서 즐거워해야 한다.

미소 짓고 싶은 마음이 들지 않는가? 그러면 어떻게 해야 할까? 두 가지 방법이 있다. 첫째, 억지로 미소 지어라. 혼자 있다면 휘파람을 불거나 콧노래를 부르거나 노래를 불러라. 이미 행복한 사람인 듯 행동하라. 그러면 행복해질 것이다. 심리학자이자 철학자인 윌리엄 제임스는 이렇게 말했다.

"행동이 기분을 따르는 것 같지만, 사실 행동과 기분은 함께 움직인다. 그래서 우리는 의지로 직접 통제 가능한 행동을 조절해서 의지로 통제할 수 없는 기분을 간접적으로 조절할 수 있다. 그러므로 기분이 좋지 않을 때 스스로 기분이 좋아지게 만들려면 이미 기분 좋은 사람처럼 앉아서 기분 좋은 것처럼 행동하고 말하면 된다."

이 세상 사람 누구나 행복을 찾는다. 그리고 행복을 찾을 확실한 방법이 하나 있다. 그건 바로 생각을 통제하는 것이다. 행복은 외부 조건에 달린 게 아니라 우리 마음가짐에 달려 있다.

사람을 행복하게 혹은 불행하게 만드는 데 중요한 건 그가 무엇을 가졌는지, 누구인지, 어디에 있는지 아니면 무슨 일을 하는지가 아니라 행복을 어떻게 생각하는가이다. 예를 들어 두 사람이 같은 장소에서 같은 일을 한다고 해보자. 그리고 재산 수준과 사회적 지위도 비슷하다, 그런데도 한 사람은 비참함을 느끼고 한 사람은 행복하다. 왜 그럴까? 마음가짐이 다르기 때문이다. 나는 뉴욕, 시카고 혹은 로스앤젤레스의 에어컨이 완비된 사무실에서만큼이나 열대의 엄청난 더위 아래에서 원시적인 도구만으로 육체노동을 하는 가난한 소작농 사이에서도 행복한 사람들을 많이 보았다.

"좋거나 나쁘기만 한 건 없다. 생각이 그렇게 만들 뿐이다"라고 셰익스피어는 말했다.

에이브러햄 링컨은 예전에 "대부분 사람은 마음먹는 만큼 행복해진다"라고 말했다. 링컨의 말이 옳다. 뉴욕 롱아일랜드 기차역의 계단을 걸어 올라가다 그 사실을 생생하게 보여주는 예를 보았다. 내 바로 앞에 30~40명의 불편한 아이들이 계단을 힘겹게 오르고 있었다. 그들은 지팡이와 목발을 짚고 있었다. 한 아이는 스스로 아예 걸을 수 없어 다른 사람의 도움을 받아야 했다. 그들의 웃음소리와 즐거운 모습에 나는 놀라고 말았다. 그래서 아이들을 이끄는 남성에게 내 감정을 이야기했다. 그러자 그가 말했다.

"오, 그렇죠. 평생 불구로 살아야 한다는 사실을 알게 되면 처음에는 충격을 받습니다. 하지만 충격에서 벗어난 후에는 대개 운명을 받아들이게 되고, 그러면 평범한 아이들처럼 행복을 느끼며 살아갑니다."

그 아이들에게 경의를 표하고 싶었다. 아이들은 내게 절대 잊어서는 안 될 교훈을 가르쳐주었다.

닫힌 사무실에서 종일 혼자 일하면 외로울 뿐 아니라 사내의 다른 직원을 사귈 기회를 놓치게 된다. 멕시코 과달라하라의 마리아 곤잘레스도 그렇게 일했다. 다른 직원들의 말소리와 웃음소리가 들리자면 함께하는 그들이 부러웠다. 입사한 지 얼마 되지 않았을 때 복도에서 직원들 곁을 지나

갈 때마다 곤잘레스는 부끄러운 듯 다른 쪽을 쳐다보았다.

몇 주가 지나자 곤잘레스는 생각했다.

'마리아, 저 친구들이 먼저 다가와주길 기대해서는 안 돼. 네가 나가서 만나려 해야지.'

곤잘레스는 다음부터 탕비실에 갈 때는 밝은 미소를 지으며 만나는 사람마다 말을 걸었다.

"안녕하세요, 잘 지내시죠?"

바로 효과가 나타났다. 상대방도 미소 지으며 인사를 건넸다. 복도가 더 밝아진 것처럼, 직장이 더 친근한 곳인 것처럼 느껴졌다. 동료들의 얼굴을 익히게 되었고, 몇몇 직원과는 친분을 쌓게 되었다. 직장 일도, 사는 것도 더 즐겁고 재미있어졌다.

수필가이자 출판가인 엘버트 허버드의 현명한 조언을 귀담아듣자. 하지만 실행하지 않으면 소용이 없다는 것도 명심하자.

밖으로 나설 때는 언제나 턱을 당기고, 고개를 꼿꼿이 세우고, 숨을 크게 들이마셔라. 햇살을 느끼고 미소를 지으며 친구에게 인사하라. 그리고 악수할 때마다 마음을 담아라. 오해를 살까 두려워하지 말고 적을 생각하느라 단 1분도 낭비하지 말라. 하고 싶은 일이 무엇인지 확실하게 마음을 정하려 노력하라. 일단 마음을 정한 후에는 갑자기 방향을 바꾸지 말고 목표를 향해 곧장 움직여라. 여러분이 하려는 멋지고 훌륭한 일에 전념하라. 그렇게 시간이 흐르고 나면 산호충이 흐르는 조류에서 필요한 성분을 얻는 것처럼 여러분도 의식하지 못하는 사이에 바라는 일을 이룰 기회를 잡게될 것이다. 마음속으로 늘 바라던 능력 있고, 성실하며, 쓸모 있는 사람이 된 모습을 그려라. 그런 생각을 하면 시시각각 그런 사람으로 바뀌어간다. 생각이 가장 중요하다. 적절한 마음가짐, 즉 용기 있고, 솔직하고, 쾌활한 마음을 지녀라. 올바르게 생각할 때 창의력이 생긴다. 모든 것은 욕망을 통해 이뤄진다. 그리고 진심 어린 기도는 모두 응답받는다. 우리는 마음먹은 대로 이룬다. 턱을 당기고 고개를 높이 들어라. 우리는 아직 번데기를 탈피하지 못한 신과 같은 존재들이다.

고대 중국인들은 현명했고 세상 물정에 밝았다. 그들이 남긴 격언을 우리는 늘 떠올려야 한다.

'미소 짓지 않는 사람은 장사를 시작하면 안 된다.'

우리의 미소는 선의의 표현이다. 미소를 지으면 만나는 사람 모두의 삶을 밝히게 된다. 찡그리고, 노려보고, 외면하는 모습을 보던 사람에게 우리의 미소는 구름 사이로 비치는 햇살 같은 존재일 것이다. 특히 상대방이 상사나 고객, 선생님이나 부모님 혹은 자녀로부터 스트레스를 받은 상황에서는 더욱 그렇다. 그런 사람에게 보내는 미소는 모든 게 절망적인 건 아니며 세상에는 기쁨이 있음을 새삼 일깨우는 힘이 된다.

몇 년 전 뉴욕의 한 백화점에서는 크리스마스 시즌 때문에 바빠서 판매 직원들이 스트레스를 받자 다음과 같은 따뜻한 철학이 담긴 광고를 내보냈다.

크리스마스에 보내는 미소의 가치

미소 짓는 데 돈이 드는 건 아니지만, 미소는 많은 걸 이루어냅니다. 미소를 주는 사람은 아무런 대가를 치르지 않고도 받는 사람의 마음을 풍요롭게 합니다.

미소를 짓는 건 한순간이지만 때로 받는 사람의 마음에 영원히 남기도 합니다. 미소 없이 살 수 있을 만큼의 부자는 없고, 미소의 혜택을 누리는 사람은 가난해도 부유합니다. 미소는 가정에 행복을 만들고, 직장에 선의를 이끌고, 서로 간의 우정을 키웁니다. 미소는 지친 사람에게 휴식이며, 낙심한 사람에게 빛이며, 슬픈 사람에게 햇살이며, 자연이 주는 최고의 문제 해결책입니다.

하지만 미소는 살 수도, 얻을 수도, 빌릴 수도, 훔칠 수도 없습니다. 다른 사람에게 보이기 전까지는 누구에게도 아무런 가치를 지니지 않기 때문입니다.

만일 크리스마스 시즌 막바지에 선물을 사러 몰려드는 손님들 때문에 판매사원이 너무 지쳐 미소 지을 수 없다면 우리가 미소를 보내는 건 어떨까요? 더는 미소 지을 수 없는 사람만큼 미소를 필요로 하는 사람은 없으니까요!

원칙 2

미소를 지어라.

3

이렇게 하지 않으면
문제에 휘말린다

상대의 이름을 알고 자주 불러야 한다는 걸 기억하라. 그건 영리하면서 아주 효과적인 칭찬 방법이다.

하지만 이름을 잊거나 철자를 잘못 쓰면 매우 불리한 처지에 놓이게 된다. 예를 들어보자. 한번은 프랑스 파리에서 대중 연설 강좌를 열고 파리의 모든 미국인 거주자에게 편지를 보냈다. 영어를 잘 모르는 게 분명한 프랑스인 타이피스트가 받는 사람 이름을 적었는데, 자연히 철자에 실수가 있었다. 파리에 있는 대형 미국계 은행의 관리자인 한 남성은 자신의 이름 철자가 잘못되었다면서 가차 없는 비난이 담긴 답장을 보냈다.

때로 이름을 기억하는 건 힘들다. 특히 발음하기 힘든 이름일 경우 더욱 그렇다. 그래서 사람들은 이름을 외우려고 애쓰는 대신 이름을 무시하거나 부르기 쉬운 별명으로 부른다.

시드 레비는 한동안 니코데무스 파파둘로스라는 이름의 고객을 찾아갔다. 대부분이 그를 '닉'이라 대체한다. 시드 레비는 우리에게 이렇게 말했다.

"저는 고객을 방문하기 전에 그의 이름을 혼자 여러 번 불러보는 특별한 노력을 기울였습니다. 그를 만나 '안녕하세요? 니코데무스 파파둘로스 씨'라고 정식으로 이름을 부르며 인사하자 그는 깜짝 놀랐습니다. 몇 분이나 흐른 것 같았지만 파파둘로스 씨는 아무런 대답이 없었습니다. 마침내 파파둘로스 씨는 눈물을 흘리며 말했습니다. '레비 씨, 이 나라에 살았던 15년 동안 제 이름을 제대로 부르려고 노력해준 사람은 아무도 없었습니다'라고요."

앤드루 카네기의 성공 비결은 무엇이었을까?

사람들은 앤드루 카네기를 강철왕이라 불렀다. 하지만 카네기 자신은 철강 제조에 관해 아는 게 거의 없었다. 그 대신 그의 곁에는 카네기 자신보다 철강에 관해 훨씬 많이 아는 수백 명의 직원이 있었다.

그리고 카네기는 사람을 다룰 줄 알았다. 그게 그를 부자로 만들어주었다. 카네기는 어린 시절부터 사람을 조직하는 데 재능을 보였고, 천재적인 리더십을 발휘했다. 열 살이 되었을 때 카네기도 사람의 이름을 기억하는 게 정말 중요하다는 사실을 깨달았다. 그리고 이를 이용해 사람들의 협조를 얻었다. 예를 들면 이렇다.

스코틀랜드에서 지내던 어린 시절, 카네기는 토끼를 잡았다. 어미 토끼였다. 얍! 카네기는 곧 새끼 토끼 한 무리도 얻게 되었다. 그런데 새끼 토끼들한테 먹일 게 아무것도 없었다. 그때 카네기에게 번뜩이는 아이디어가 떠올랐다. 카네기는 이웃에 사는 아이들에게 토끼들이 먹을 클로버와 민들레를 뜯어 올 수 있는지 물어보았다. 만일 풀을 뜯어 온다면 그 친구의 이름을 새끼 토끼에게 붙이겠다고 말했다. 정말 마법처럼 효과가 있었고, 카네기는 그 일을 절대 잊지 않았다.

수년 후 카네기는 사업에 똑같은 심리를 적용해 수백만 달러를 벌었다. 일례로, 카네기는 펜실베이니아 철도에 철강 레일을 팔고 싶었다. 당시 펜실베이니아 철도의 사장은 에드거 톰슨이었다. 그래서 카네기는 피츠버그에 거대한 제강 공장을 짓고 '에드거 톰슨 철강 공장'이라 이름 붙였다.

여기서 문제를 낼 테니 한번 풀어보라. 펜실베이니아 철도가 철강 레일이 필요했을 때 에드거 톰슨 사장은 어디서 철강 레일을 구매했을까? 시어스? 로이벅?

카네기와 조지 풀먼이 침대 차량 사업에서 우위를 점하려고 서로 경쟁할 때 철강왕 카네기는 다시 한번 토끼를 기를 때 얻은 교훈을 떠올렸다.

카네기가 경영하던 센트럴 운송 회사는 풀먼의 회사와 경쟁하고 있었다. 두 회사 모두 유니언퍼시픽 철도로부터 침대 차량 사업을 얻으려고 애쓰고 있었다. 서로 맞서 가격을 후려치느라 수익을 얻을 기회를 전부 망치고 있었다. 카네기와 풀먼 모두 유니언퍼시픽 이사회 사람들을 만나러 뉴욕으로 갔다. 어느 날 저녁 카네기는 세인트니컬러스 호텔에서 풀먼을 만나 말했다.

"풀먼 씨, 우리가 바보짓을 하는 게 아닐까요?"

"무슨 말씀입니까?"

카네기는 마음속 생각을 이야기했다. 서로의 이해관계를 위해 회사를 합치자는 내용이었다. 그러면서 서로 대립하기보다 함께 일할 때 얻을 수 있는 상호이익을 생생하게 그렸다. 풀먼은 카네기의 이야기에 주의를 기울였지만, 완전히 확신할 수는 없었다. 마침내 풀먼이 물었다.

"새 회사 이름은 어떻게 하실 생각입니까?"

"아, 물론 풀먼 팰리스 차량 회사입니다."

풀먼의 얼굴이 밝아졌다.

"제 방으로 오시죠. 더 자세히 이야기합시다."

그날의 대화로 업계의 역사가 이루어졌다.

이처럼 친구나 사업 동료의 이름을 기억하고 예우하는 방침이 카네기가 지닌 리더십의 비결 중 하나였다.

텍사스 상업 은행의 회장 벤튼 러브는 회사가 커질수록 분위기가 차가워진다고 믿는다.

"회사 분위기를 따뜻하게 만들 수 있는 한 가지 방법은 직원들의 이름을 기억하는 겁니다. 직원 이름을 기억하지 못한다고 말하는 임원은 사업의 중요한 부분을 기억하지 못한다고 말하는 것과 같고, 회사를 위험한 상태로 운영하는 것입니다."

캘리포니아주 랜초 팰로스 버디스에 사는 TWA항공의 승무원 카렌 키어슈는, 객실 내 탑승객의 이름을 가능한 한 많이 기억했다가 기내 서비스를 제공할 때 탑승객의 이름을 부르는 걸 습관으로 삼았다. 그랬더니 키어슈에게 직접적으로 혹은 항공사 측에 그의 서비스가 훌륭하다는 칭찬이 전해졌다. 어느 승객은 칭찬의 글에 이렇게 적었다.

'저는 한동안 TWA항공사를 이용하지 않았습니다. 하지만 앞으로는 TWA항공만 이용할 겁니다. TWA항공의 서비스는 정말 개인 맞춤형이고, 그건 제게 중요한 부분입니다.'

사람들은 자기 이름을 매우 자랑스러워하며 무슨 일이 있어도 이름을 영원히 남기려 애쓴다.

몇백 년 동안 왕실과 귀족들은 예술가, 음악가, 작가 들이 작품을 만들어 바치도록 그들을 후원했다.

도서관과 박물관은 인류의 기억에서 자기 이름이 사라지는 걸 참지 못하는 사람들의 기증 덕분에 풍부한 소장품을 갖추게 되었다. 뉴욕 공공 도서관에는 애스터와 레녹스 컬렉션이 있고, 메트로폴리탄 박물관에는 벤저민 알트만과 J. P. 모건이 소장품을 기증해 이름을 남겼다. 거의 모든 교회에는 스테인드글라스로 창문이 아름답게 장식되어 있는데, 이는 헌금 기부자의 이름을 기념하기 위한 것이다. 대부분의 대학 캠퍼스에도 지을 때 큰돈을 기부한 사람의 이름을 딴 건물이 많이 있다.

우리가 다른 사람의 이름을 기억하지 못하는 건 대부분 단순한 이유에서다. 상대의 이름을 잊지 않도록 집중하여 반복적으로 외우지 않기 때문이다. 머리에 새기는 데 필요한 시간과 에너지를 들이지 않기 때문이다. 그러면서 너무 바쁘다는 변명만 늘어놓는다. 하지만 프랭클린 루스벨트만큼 바쁜 사람은 아마 없을 것이다. 그렇게 바쁜 루스벨트도 심지어 정비공의 이름까지 기억하려고 시간을 들였다.

프랭클린 루스벨트 대통령은 호감을 얻는 가장 간단하면서도 분명하고 중요한 방법은 이름을 기억하고 상대가 존재의 중요성을 느끼게 하는 것이라는 점을 알고 있었다. 그런데 우리 중에 그렇게 하는 사람이 얼마나 될까? 처음 누군가를 소개받으면 잠시 이야기를 나누고는 작별 인사를 할 때쯤이면 이미 이름조차 기억하지 못하는 경우가 절반은 될 것이다.

정치인이 배워야 할 첫 번째 교훈은 이것이다.

'유권자의 이름을 외우는 건 정치인이 할 일이다. 유권자의 이름을 잊는다는 건 정치인으로서 잊히는 일이다.'

이름을 외우는 능력은 정계에서만큼이나 기업 활동과 사회적 관계에서도 중요하다.

프랑스의 황제이자 위대한 나폴레옹의 조카였던 나폴레

옹 3세는 자신이 모든 왕정 업무를 처리함에도 만나는 모든 사람의 이름을 외울 수 있다는 사실에 자부심을 드러냈다.

나폴레옹 3세의 비결은 무엇이었을까? 간단하다. 상대의 이름이 분명하게 들리지 않으면 이렇게 말했다.

"정말 미안하지만 이름을 잘 듣지 못했네."

그러고 나서 만일 상대의 이름이 흔한 이름이 아니라면 "이름을 어떻게 쓰나?"라고 묻곤 했다. 대화를 나누는 동안 일부러 여러 번 상대의 이름을 부르면서 그의 이름과 특징, 표정과 전체적인 외모를 연관시키려 노력했다.

중요한 사람이라면 나폴레옹은 더 큰 노력을 기울였다. 혼자 있는 시간이 되자마자 종이에 이름을 적고 집중하여 쳐다보면서 단단히 외운 뒤 그 종이를 찢었다. 이런 방법으로 귀로 듣기만 하는 게 아니라 눈으로 보면서 사람들의 이름을 외웠다.

이런 식으로 이름을 외우려면 시간이 걸리게 마련이다. 그래서 에머슨이 이렇게 말했다.

"훌륭한 예절은 사소한 희생을 바탕으로 이루어진다."

사람의 이름을 기억하고 부르는 일은 나라의 왕이나 기업의 임원처럼 특권계층에만 중요한 게 아니다. 누구에게든 중요한 일이다.

이름에는 마법의 힘이 있음을 알아야 한다. 이름은 다른 누구도 아닌, 우리가 상대하는 사람이 전적으로 완전하게 소유하고 있는 것이라는 점도 깨달아야 한다. 이름은 한 사람을 다른 사람과 구분하는 기준이며, 다른 모든 사람 사이에서 우리를 특별한 존재로 만든다. 개인의 이름을 가지고 어떤 상황에 접근하면 우리가 주려는 정보나 요구하는 내용이 그 사람에게 특히 중요해진다. 식당 종업원부터 고위 임원에 이르기까지, 사람들의 이름을 잘 활용하면 마법 같은 일이 벌어질 것이다.

원칙 3

사람의 이름은 상대에게는 그 어떤 말보다 중요하고 듣기 좋은 소리임을 기억하라.

쉽게 대화를 잘하는
사람이 되는 방법

얼마 전 나는 브리지 카드 게임을 즐기는 파티에 갔다. 나는 브리지 게임을 하지 않는다. 그리고 거기에는 나처럼 브리지 게임을 하지 않는 여성이 한 명 있었다. 그녀는 로웰 토머스가 라디오에서 일하기 전에 내가 그의 매니저로 일하며 프로그램 〈생생한 여행 이야기(Illustrated Travel Talks)〉 진행을 돕고자 유럽을 많이 다녔음을 알고 있었다. 그녀가 말했다.

"오, 카네기 씨! 당신이 본 멋진 곳과 아름다운 경치에 관한 이야기를 정말 듣고 싶어요."

소파에 앉으면서 그녀는 자신이 남편과 함께 최근 아프리카 여행을 다녀왔다고 말했다.

"아프리카!"

내가 외쳤다.

"정말 흥미롭군요! 저는 항상 아프리카에 가보고 싶었어요. 하지만 알제리의 수도 알제에서 스물네 시간 머문 걸 빼고는 한 번도 가본 적이 없습니다. 맹수가 나오는 나라에 가보셨나요? 말씀해보세요. 그랬다고요? 성말 좋으셨겠이요. 부럽습니다. 아프리카 얘기 좀 들려주세요."

그랬더니 그녀는 아프리카 여행에 관해 45분 동안 이야기했다. 내가 어디를 다녀왔는지, 무엇을 보았는지는 다시 묻지 않았다. 내가 여행한 곳에 관한 이야기는 듣고 싶어 하지 않았다. 그녀에게 필요한 건 자기 이야기를 재미있게 들어줄 사람이었다. 그녀는 나의 질문 덕분에 자신이 가봤던 곳에 대해 자신 있게 이야기할 수 있었다.

그녀가 비정상적인 걸까? 아니다. 많은 사람이 그렇다.

이런 일도 있었다. 나는 뉴욕의 어느 출판사가 주최한 만찬 모임에서 유명한 식물학자를 만났다. 식물학자와 이야기를 나눠본 적은 없기 때문에 나는 그 사람이 아주 흥미로웠다. 말 그대로 의자 끄트머리에 걸터앉아 그 사람이 들려주는 이국적인 식물 이야기와 새로운 형태의 식물을 개발하는 실험 이야기, 실내 정원(그리고 심지어 험블 감자에 관한 놀라운 사실까지) 이야기를 재미있게 들었다. 나도 작은 실내 정원이 있었는데, 그 사람은 친절하게 내가 실내 정원을 가꾸면서 겪는 어려움을 해결할 방법도 알려주었다.

앞서 말한 것처럼 우리는 만찬 모임에 참석하고 있었다. 거기에는 10여 명의 다른 손님도 있었지만 나는 예의 없이 다른 사람은 전부 무시하고 그 식물학자와 몇 시간이고 이야기를 나누었다.

자정이 되자 나는 모두에게 인사하고 자리를 떠났다. 그후 식물학자는 파티를 주최한 사람에게 가서 내 칭찬을 했다고 한다. 내가 '아주 흥미로운 사람'이라고 말이다. 내가 이렇다느니 저렇다느니 이야기한 끝에 마지막에는 나를 '정말 재미있게 대화하는 사람'이라고 했다고 한다.

재미있게 대화하는 사람이라고? 아니, 나는 거의 말을 하지 않았다. 이야기의 주제를 바꾸지 않는 한 나는 아무 말도 할 수 없었다. 펭귄 몸의 구조만큼이나 식물에 관해 내가 아는 바는 거의 없었기 때문이다. 내가 한 게 있다면 집중해서 이야기를 잘 들어준 것뿐이다. 내가 집중해서 이야기를 잘 들은 건 정말 내가 흥미로워하는 주제였기 때문이다. 식물학자도 그걸 느낀 것이다. 그리고 그 점이 자연스럽게 그를 기쁘게 했다.

이런 식으로 다른 사람의 이야기를 들어주는 것은 누군가에게 줄 수 있는 최고의 칭찬이다. 작가 잭 우드포드는 소설 《사랑에 빠진 이방인(Strangers in Love)》에서 이렇게 썼다.

'경청이라는 은근한 아부에 저항하는 사람은 없다.'

나는 경청에서 한 발짝 더 나아가 진심으로 인정하고 칭찬을 아끼지 않았다. 나는 식물학자에게 엄청나게 재미있는 이야기였고 많이 배웠다고 말했다. 실제로 그랬다. 식물학자처럼 그런 지식이 있었으면 좋겠다고 말했다. 정말 그랬다. 그와 함께 들판을 돌아다닐 수 있으면 좋겠다고 말했다. 그게 정말 내 마음이었다. 그리고 우리는 꼭 다시 만나야 한다고 말했고, 다시 만났다.

그러니 실제로는 내가 그저 상대의 이야기를 잘 듣고 이야기를 많이 하도록 했을 뿐인데 그는 내가 대화를 잘하는 사람이라고 생각했다.

그렇다면 업무상의 만남에서 대화를 성공적으로 이끌 비

결은 무엇일까? 하버드대학교 총장을 역임한 찰스 엘리엇에 따르면 이렇다.

"업무상의 대화를 잘하는 비결 같은 건 없습니다. 상대방의 이야기에 전적으로 집중하는 게 아주 중요합니다. 그것만큼 상대를 기분 좋게 하는 건 없습니다."

엘리엇 전 총장은 경청의 달인이었다. 미국 최초의 위대한 소설가 헨리 제임스는 이렇게 기억했다.

"엘리엇 박사님이 다른 사람의 이야기를 듣는 건 그저 조용히 침묵하는 게 아니라 하나의 활동이었습니다. 허리를 꼿꼿이 세우고 앉고는 무릎 위에 양손을 올린 채 양쪽 엄지를 서로 빠르게 혹은 느리게 돌리는 일 말고는 꼼짝도 하지 않았어요. 말하는 사람을 정면으로 응시하며 귀뿐 아니라 눈으로도 들으시는 것 같았지요. 온 마음을 기울여 들으셨고 상대가 말하는 동안에도 말해야 할 내용을 잘 전할 수 있도록 세심한 주의를 기울이셨습니다. 대화가 끝나면 엘리엇 총장님과 이야기를 나눈 상대방은 해야 할 말을 잘 전했다는 생각을 하게 됩니다."

당연한 말 아닐까? 이런 비결을 발견하려고 하버드대학교에서 4년 동안 공부할 필요는 없다.

업무의 세계에서만큼 가정생활에서도 경청이 중요하다. 뉴욕 크로톤 온 허드슨에 사는 밀리 에스포시토 부인은 아이들이 말할 때 주의를 기울여 들어준다. 어느 날 저녁 그녀는 아들 로버트와 함께 부엌에 앉아 아들의 생각을 들으며 간단히 이야기하고 있었다. 로버트가 말했다.

"엄마, 엄마가 절 많이 사랑하시는 거 알아요."

감동받은 에스포시토 부인이 말했다.

"물론 너를 아주 많이 사랑한단다. 엄마의 사랑이 의심스러웠니?"

로버트가 대답했다.

"아니요, 그런데 제가 엄마한테 할 말이 있을 땐 언제나 엄마는 무슨 일을 하고 있든 멈추고 제 얘기를 들어주시잖아요. 그래서 엄마가 저를 진짜 사랑하신다는 걸 알 수 있어요."

늘 불평만 하는 사람, 심지어 매우 거친 비평을 하는 사람도 인내심을 가지고 공감하며 들어주는 사람 앞에서는 부드러워지고 차분해진다. 경청하는 사람은 잘못을 지적하는 사람이 성내며 킹코브라처럼 몸을 세워 독설을 뿜는 동안 침묵을 지킨다. 예를 보자.

몇 년 전 뉴욕 전화 회사에서는 고객 서비스 담당자를 욕하며 공격적인 말을 퍼붓는 고객을 상대해야 했다. 그 고객은 욕을 하고 고래고래 소리를 질렀다. 전화선을 송두리째 끊어버리겠다고 위협했고, 잘못 청구되었다 우기며 요금 일부를 내지 않겠다고 나섰다. 신문에 투서를 보냈고, 공공 서비스 위원회에 셀 수 없이 불만을 제기했으며, 전화 회사를 상대로 여러 개의 소송도 진행했다.

　마침내 회사에서 가장 솜씨 좋은 '문제 해결사'가 폭풍우처럼 화내는 진상 고객을 만나러 갔다. '문제 해결사'는 고객의 이야기를 경청했고, 성미가 고약한 고객은 기꺼이 장황한 불만을 쏟아냈다. 전화 회사 직원은 그 이야기를 들어주었고 '네, 그렇죠'라고 말하며 고객의 불만에 공감해주었다.

　"거의 세 시간 동안 그분은 미친 듯이 악을 쓰며 이야기했고 저는 듣기만 했습니다."

　'문제 해결사'는 우리 수업에서 자신의 경험을 이야기했다.

　그분을 다시 찾아가 또 이야기를 들어드렸어요. 그렇게 네 번을 만났습니다. 그리고 네 번째 만남이 끝나기 전에 저는 그분이 시작하려는 모임의 창립 회원이 되었습니다. 모임의 이름은 '전화 가입자 보호 협회'였습니다. 저는 지금도 이 모임의 회원이에요. 그리고 제가 알기로 저는 현재 그분을 제외하고 그 모임의 세상 유일한 회원입니다.

그분을 만나는 동안 저는 그분이 말씀하시는 모든 부분을 듣고 공감해드렸습니다. 전에는 그런 식으로 대하는 직원이 없었다고 합니다. 그래서 그분은 차츰 우호적인 모습을 보이게 되었어요. 첫 번째 만남에서도, 두 번째, 세 번째 만남에서도 저는 그분을 찾아간 이유는 꺼내지 않았습니다. 그랬음에도 네 번째 만남에서 저는 문제를 완전히 해결할 수 있었지요. 그분은 밀린 전화 요금을 완납했고, 전화 회사와 갈등을 겪은 소비자 역사상 처음으로 그분 스스로 공공 서비스 위원회에 접수한 불만 사항을 철회했습니다.

'그분'은 자신을 이렇게 여겼다. 무자비하게 고객을 착취하는 전화 회사로부터 공공의 권리를 지켜내는 신성한 운동가로 말이다. 하지만 사실 그가 정말 원했던 건 존재의 중요성을 느끼는 일이었다. 처음에는 전화 회사에 불평불만을 제기하면서 그런 감정을 느꼈다. 하지만 전화 회사 직원으로부터 인정받고 자기 존재의 중요성을 느끼게 되자 상상

속의 불만은 연기처럼 사라졌다.

수년 전 네덜란드에서 이민 온 어느 가난한 아이는 가족의 생계를 돕기 위해 학교가 끝난 뒤 빵 가게의 창문을 닦았다. 아이의 가족은 매우 가난했기에 빵 가게 유리창을 닦는 일뿐만 아니라 매일 바구니를 들고 거리에 나와 석탄 마차가 석탄 배달을 하다 배수로에 빠뜨린 석탄 부스러기를 주우러 다녔다. 이름이 에드워드 보크인 아이는 평생 6년 이상 학교에 다녀보지 못했다. 그래도 아이는 자수성가하여 미국 언론 역사상 가장 성공한 잡지 편집자가 되었다. 어떻게 그런 일이 가능했을까? 그건 아주 긴 이야기가 되겠지만, 출발점이 어땠는지는 간단히 이야기할 수 있다. 이번 장에서 알려주는 인간관계의 원칙을 적용하는 게 아이의 출발점이었다.

보크는 열세 살에 학교를 그만두고 웨스턴 유니언 전신회사의 사환이 되었지만, 한순간도 교육받아야겠다는 생각을 버린 적은 없었다. 그래서 학교 대신 독학을 시작했다. 그는 차비와 점심값을 아껴 미국 위인전집을 사 모았다. 그러고 나서 듣도 보도 못한 일을 했다. 유명인 가운데 아직 살아 있는 사람의 전기를 읽고 어린 시절은 어떠셨는지 더 알려달라며 편지를 보낸 것이다. 보크는 경청을 잘하는 사람이었다. 그래서 유명한 사람들이 자신의 이야기를 더 많이 꺼내게 했다. 보크는 당시 대통령 선거에 출마 중이던 제임스 가필드 장군에게 편지를 보내 어린 시절 한때 운하에서 배를 끄는 일을 도우며 지냈던 게 맞는지 물었다. 가필드 장군은 답장을 보내주었다. 보크는 그랜트 장군에게도 편지를 보내 특정 전투의 일화에 관하여 물었다. 이에 그랜트 장군은 지도를 그려주었다. 그러고는 편지를 보낸 열네 살짜리 보크를 저녁 식사에 초대해 이야기를 나누며 그날 저녁을 함께 보냈다.

얼마 지나지 않아 웨스턴 유니언의 어린 사환은 미국의 여러 유명 인사와 편지를 나누는 사이가 되었다. 거기에는 시인 랠프 왈도 에머슨, 문필가 올리버 웬델 홈스, 시인 롱펠로, 에이브러햄 링컨 부인, 소설가 루이자 메이 올콧, 셔먼 장군과 정치인 제퍼슨 데이비스도 포함되어 있었다. 보크는 이런 유명인들과 편지를 교환했을 뿐 아니라 휴가 때마다 그들의 집을 방문하면 환영받는 손님이 되었다. 이런 경험이 보크에게는 가치를 헤아릴 수 없는 자신감을 심어주었다. 이렇게 만난 남녀 유명인들이 보크의 인생을 형성한 꿈과 야망에 불을 붙였다. 다시 한번 말하지만, 이 모든 일은 이번 장에서 말하는 인간관계의 원칙을 보크가 삶에 적용했기 때문에 가능했다.

수백 명의 유명인을 인터뷰한 언론인 아이삭 마코슨에 따르면 많은 사람이 호감을 주는 인상을 남기지 못하는 이유는 주의 깊게 듣지 않기 때문이라고 한다.

"자기가 다음에 무슨 말을 할지 너무 신경 쓰느라 다른 사람의 이야기를 듣질 않습니다. 대단히 중요한 지위에 있는 사람들이 제게 말을 잘하는 사람보다 잘 듣는 사람을 좋아한다고 하더군요. 하지만 그 어떤 장점보다 잘 듣는 능력을 갖춘 사람은 드문 것 같습니다."

중요한 지위에 있는 이들만 잘 듣는 사람을 원하는 게 아니라 평범한 사람 역시 그렇다. 한번은 〈리더스 다이제스트〉에 이런 글이 실렸다.

'이야기를 들어주는 청중이 필요할 때 많은 사람이 의사에게 전화한다.'

현대 사회에서 가장 뛰어난 경청자는 지그문트 프로이트다. 프로이트를 만난 사람은 이야기를 듣는 그의 태도를 이렇게 묘사했다.

"그 모습이 얼마나 인상적인지 절대 잊을 수 없을 거예요. 프로이트에게는 다른 누군가에게서도 찾을 수 없었던 특성이 있거든요. 그렇게 상대의 말에 집중하는 사람은 본 적이 없어요. 그처럼 사람의 마음을 꿰뚫는 듯한, '영혼을 파고들 듯 응시'하는 사람은 달리 없습니다. 프로이트의 눈길은 부드럽고 다정했어요. 낮은 목소리도 부드러웠고요. 몸은 거의 움직이지 않았지요. 제가 말을 잘하지 못할 때조차 저에게 보내는 그의 집중력과 칭찬은 정말 남달랐습니다. 누군가가 그런 식으로 제 이야기를 듣는다는 게 어떤 건지 정말 모르실 거예요."

사람들이 나를 피하고 뒤에서 비웃으며 경멸하게 할 방법을 알고 싶다면 여기 소개한다. 누구의 이야기도 오랫동안 듣지 말라. 자기 자신에 대해서 끊임없이 이야기하라. 다른 사람이 말하고 있을 때 이야깃거리가 떠오르면 상대의 말이 끝날 때까지 기다리지 말라. 바로 끼어들어 말하는 중간에 방해하면 된다.

그렇게 하는 사람을 알고 있는가? 안타깝지만 나는 그런 사람을 알고 있다. 그중에서도 놀라운 건 그런 사람 가운데 일부는 유명인이라는 점이다.

그런 사람들은 지루하다. 자기 자신에 도취해 있고 '나는 중요한 사람'이라는 생각에 젖어 있기에 그들의 이야기는 지루할 뿐이다.

자기 얘기만 하는 사람은 자기 생각만 하는 사람이다. 오랫동안 컬럼비아대학교의 총장을 지낸 니컬러스 머리 버틀러 박사는 이렇게 말했다.

"자기 생각만 하는 사람은 절망적으로 무지한 사람이다. 얼마나 많은 교육을 받았건 전혀 배운 바가 없는 것과 다름없다."

그러므로 대화를 잘하는 사람이 되고 싶다면 경청하는 사람이 되어야 한다. 흥미로운 사람이 되고 싶다면 다른 사람에게 흥미를 보여야 한다. 질문을 던지면 다른 사람들은 즐거이 대답해줄 것이다. 상대방이 자기 자신과 자신이 이루어낸 것에 관해 이야기하도록 이끌어라.

여러분과 이야기를 나누는 상대방은 여러분과 여러분의 문제보다는 자기 자신과 자기 문제에 100배는 더 관심이 많다는 점을 명심하라. 이가 아픈 그 누군가에게는 중국에서 100만 명이 기아로 죽는 것보다 자기 이가 아픈 게 더 중요한 일인 법이다. 그 누군가의 목에 난 종기는 아프리카에서 일어난 40차례의 지진보다 더 신경 쓰이게 마련이다. 다음 번에 대화를 시작할 때는 이 점을 생각하라.

원칙 4

경청하는 사람이 되라. 상대방이 자기 자신의 이야기를 하도록 이끌어라.

5

사람들의
흥미를 끄는 방법

시어도어 루스벨트 대통령을 만나본 사람은 누구나 그의
다양하고 폭넓은 지식에 깜짝 놀랐다. 카우보이를 만나든
의용 기병대원을 만나든 뉴욕의 정치인을 만나든 외교관을
만나든 루스벨트 대통령은 무슨 말을 해야 할지 알았다. 어
떻게 그럴 수 있었을까? 간단하다. 루스벨트 대통령은 손님
을 만나야 할 때마다 전날 밤늦게까지 손님이 특히 흥미로
워할 주제의 책을 읽었다.

루스벨트 대통령은 모든 지도자가 그렇듯 사람의 마음을
얻을 왕도는 상대가 가장 소중히 여기는 것에 관해 이야기

하는 것임을 알았다. 수필가이자 예일대학교 문학 교수인 윌리엄 라이언 펠프스는 다정한 성품의 소유자로, 이러한 교훈을 어린 시절에 배웠다. 펠프스는 수필 《인간의 본성 (Human Nature)》에서 이렇게 썼다.

여덟 살 때 후사토닉강 근처 스트랫퍼드에 있는 리비 린슬리 숙모 집에서 주말을 보냈다. 어느 날 저녁 중년의 손님이 찾아와 숙모와 대화를 나누다가 내게 관심을 보였다. 그때 나는 보트를 아주 좋아했는데, 그 손님은 내가 특히 흥미로워할 내용의 이야기를 해주었다. 손님이 떠난 뒤 나는 그분에 관해 열심히 이야기했다. 그렇게 재미있는 사람이 있을까! 숙모는 그분이 뉴욕에서 변호사로 일하고 있으며 보트에 관해서는 전혀 관심이 없는 분이라고 알려주었다. 그러니 보트 이야기는 털끝만큼도 재미가 없었을 것이다.
"그러면 그분은 왜 보트 이야기만 계속하셨을까요?"
"네가 보트에 관심 있다는 걸 아시고, 네가 흥미로워하고 즐거워할 만한 내용에 관해 이야기하신 거란다. 네게 맞춰주신 거지."

펠프스는 '숙모의 말을 절대 잊을 수 없었다'라고 덧붙였다.

이번 장을 쓰는 동안 나는 보이스카우트 일을 열심히 하는 에드워드 칼리프로부터 편지를 받았다. 편지에는 이런 내용이 적혀 있었다.

어느 날 제게 도움이 필요한 일이 생겼습니다. 유럽에서 대규모 스카우트 잼버리가 열릴 예정인데 미국 어느 대기업의 사장님께 참가 어린이 한 명의 여행 비용을 후원해주시길 바랐지요.

다행히 제가 그분을 만나러 가기 직전, 그분이 100만 달러짜리 수표를 액자에 넣어 보관하고 있다는 이야기를 들었습니다. 그래서 그분의 사무실에 들어가자마자 그 수표를 보여달라고 부탁드렸지요. 100만 달러짜리 수표라니! 저는 그런 수표를 쓰는 사람은 본 적이 없다며, 100만 달러짜리 수표를 실제로 봤다고 아들들에게 이야기해주고 싶다고 말했습니다.

그분은 기꺼이 그 수표를 제게 보여주었어요. 저는 보여주셔서 감사하다고 말씀드리고 어쩌다 그런 거액의 수표를 쓰게 되었는지 전부 알려달라고 부탁드렸습니다.

아마 눈치챘겠지만, 칼리프는 보이스카우트나 유럽에서 있을 잼버리, 혹은 본인이 원하는 바를 주제로 대화를 시작하지 않았다. 그 대신 상대방이 관심을 가지는 주제에 관해 이야기했다. 대화의 결과는 다음과 같았다.

이내 그분이 말씀하셨습니다.

"아, 그런데 저를 왜 만나자고 하신 거죠?"

그래서 용건을 말씀드렸습니다. 정말 놀랍게도 그분은 제가 부탁드린 비용을 즉시 내주었을 뿐 아니라 부탁드린 것보다 훨씬 많은 금액을 후원해주었습니다. 저는 그저 한 아이를 유럽에 보낼 여비만 후원해달라고 말씀드렸는데 다섯 아이와 제 경비까지 내주었습니다. 1,000달러를 내주었고 유럽에 7주간 머무르라고 하였지요. 게다가 우리를 잘 도와주라며 그분 회사의 유럽 지사장님께 소개장을 써주었고, 직접 파리에 오셔서 저희를 만나 시내 구경을 시켜주었어요.

그 후로도 부모님의 형편이 어려운 아이들에게 일자리를 주었고, 지금도 여전히 보이스카우트 활동을 도와주고 있습니다.

그때 제가 그분의 관심사를 알지 못했다면, 그래서 처음에 분위기를 만들지 못했다면 지금의 10분의 1만큼도 그분께 쉽게 다가가지 못했을 겁니다.

이는 업무에 사용할 만한 가치 있는 기술일까? 어떻게 생각하는가? 한번 살펴보자. 다음은 뉴욕의 도매 전문 제빵 회사인 듀버노이 앤드 선즈의 헨리 듀버노이의 예다.

듀버노이는 뉴욕의 어느 호텔에 빵을 팔려고 애써왔다. 그는 4년 동안 매주 호텔 지배인을 찾아갔다. 그리고 그 매니저가 참석하는 행사에 똑같이 참여했다. 심지어 주문받기 위해 그 호텔에 방을 빌려 살기도 했다. 그런데도 성공하지 못했다.

듀버노이의 이야기를 들어보자.

그러다가 인간관계를 공부하고 나서 전술을 바꿔보기로 마음먹었습니다. 호텔 지배인이 관심을 두는 것, 그가 열정을 쏟는 대상이 무엇일까 알아보기로 한 거죠.

그러다 그가 호텔 임원들로 구성된 미국 호텔접객인협회에 소속되어 있다는 걸 알았습니다. 그냥 속해 있는 게 아니라 밝고 열정적인 성격을 바탕으로 협회장을 맡고 있을 뿐 아니라 국제접객인협회의 회장이기도 했습니다. 협회 모임이 어디서 열리든 그는 행사장에 있었습니다.

그래서 다음 날 그를 만났을 때 협회 이야기를 꺼냈습니다. 반응은 놀라웠습니다. 그가 보인 반응이라니! 지배인은 제게 30분 동안 협회 이야기를 했는데, 그의 목소리는 열정적인 데다 활기찼습니다. 그에게 협회 일이 단순한 취미 활동이 아니라 인생에서 열정을 쏟는 일이라는 걸 분명하게 알 수 있었죠. 지배인의 사무실을 나오기 전 저는 그에게서 협회 회원권을 샀습니다.

그런 이야기를 나누는 동안 빵 이야기는 일절 꺼내지 않았지요. 그런데 며칠 뒤 호텔 식료품 구매 담당자가 제게 전화를 걸어 샘플과 견적서를 들고 와달라고 말했습니다.

"지배인님에게 무슨 일을 한 건지 모르겠네요."

식료품 구매 담당 직원이 제게 인사를 건넸습니다.

"하지만 분명 지배인님의 마음은 당신에게 팔렸어요!"

생각해보세요! 저는 4년 동안이나 그 지배인에게 공을 들였습니다. 그의 호텔에 빵을 팔려고 말이죠. 하지만 그가 관심을 두는 곳이 어디인지, 그가 무슨 이야기를 하고 싶어 하는지 알아내려고 노력하지 않았다면 아직도 헛공만 들이고 있었을 겁니다.

상대방의 관심사에 관한 이야기는 양쪽 모두를 성공으로 이끈다. 직원 커뮤니케이션 분야를 이끄는 하워드 허지그도 항상 이 원칙을 따른다. 상대방의 관심사를 이야기해서 무엇을 얻을 수 있느냐는 질문을 받으면 허지그는 이야기를 나눈 각각의 사람으로부터 서로 다른 보상을 얻을 뿐 아니라 누군가와 이야기를 나눌 때마다 전반적으로 인생의 폭이 넓어지는 경험을 보상으로 얻는다고 대답한다.

원칙 5

상대방의 관심사에 관해 이야기하라.

사람들이 즉시
나를 좋아하게 만드는 방법

뉴욕 33번가와 8번가 교차로에 있는 우체국에서 있었던 일이다. 그때 나는 편지를 부치려고 줄을 섰는데, 우체국 창구 직원이 업무를 따분하게 여긴다는 걸 눈치챘다. 봉투 무게를 재고, 우표를 건네주고, 거스름돈을 내주고, 영수증을 발행하는 똑같은 단조로운 업무가 매년 반복될 터였다. 나는 생각했다.

'저 직원이 나를 좋아하게 만들어야겠어. 그렇게 하려면 당연히 뭔가 좋은 말을 해야겠지. 내 이야기가 아니라 저 직원에 관한 이야기여야 해.'

나는 또 스스로 질문을 던져보았다.

'저 직원에 관해서 내가 솔직하게 칭찬할 수 있는 부분은 무엇일까?'

이 질문은 때로 답하기 어렵다. 상대가 낯선 사람일 경우 특히 더 그렇다. 하지만 이번에는 우연히도 답하기가 쉬웠다. 내가 끝없이 부러워할 만한 것을 금방 찾았기 때문이다.

그 직원이 내 우편물의 무게를 재는 동안 나는 감탄하며 말했다.

"저도 그런 머리카락이 있다면 정말 좋을 것 같아요."

직원은 반쯤 놀란 표정으로 나를 바라보았다. 얼굴에는 미소가 번지고 있었다.

"음, 예전만큼 좋지도 않은걸요."

그가 겸손하게 말했다. 그래서 나는 예전만큼 윤기가 흐르는 건 아닐지 몰라도 지금도 여전히 멋지다고 말해주었다. 그랬더니 그가 정말 기뻐했다. 우리는 잠시 즐거운 이야기를 나누었고 그는 마지막에 이렇게 말했다.

"제 머리카락을 부러워하는 사람이 많긴 해요."

그날 그는 분명 구름 위를 걷는 기분으로 점심을 먹으러 나갔을 것이다. 저녁에 퇴근하고 귀가하여 아내에게도 분명

이야기했을 것이다. 그리고 분명 거울을 보며 이렇게 말했을 것이다.

"정말 멋진 머리카락이군."

한번은 이 이야기를 사람들 앞에서 한 적이 있는데 한 남성이 물었다.

"그 사람에게서 무엇을 얻어내려 하셨습니까?"

그 사람에게서 무엇을 얻어내려 하다니! 그 사람에게서 무엇을 얻어내고 싶었냐니!

우리가 다른 사람에게서 무언가 얻어내려 하는 게 아니라서 사소한 칭찬을 하지도 못하고 작은 행복을 퍼뜨리지도 못하는 비열하고도 이기적인 사람이라면, 그렇게 우리의 영혼이 신맛 나는 작은 야생 사과 정도의 크기밖에 안 되는 거라면 인생의 실패를 맞이해도 싸다. 아, 그렇다! 내가 그 직원에게서 얻어내려 했던 게 있었다. 하지만 그건 값을 매길 수 없는 것이었다. 그리고 나는 그걸 얻었다. 내가 얻은 건 그가 나를 위해 아무것도 해줄 수 없는 사람이라 해도 나는 그를 위해 무언가 해주는 사람이라는 느낌이다. 그런 느낌은 그 순간이 지나고 나서도 기억 속에 오랫동안 남아 나를 흐뭇하게 한다.

인간의 행동에는 한 가지 매우 중요한 법칙이 있다. 그 법칙을 따르면 문제가 생길 일이 거의 없다. 사실 이 법칙을 따르기만 하면 셀 수 없이 많은 친구와 끊임없는 행복이 찾아온다. 하지만 이 법칙을 어기는 순간 끝없는 문제에 휘말리게 된다. 바로 다음과 같은 법칙이다.

항상 상대방에게 자신이 중요한 사람이라고 느끼게 하라.

앞서 말했던 것처럼 존 듀이는 인간 본성에서 가장 깊은 욕구는 중요한 사람이 되고 싶다는 마음이라고 했다. 그리고 윌리엄 제임스는 '인간 본성의 가장 깊은 원리는 인정받고 싶다는 열망'이라고 했다. 인간이 동물과 다른 점은 바로 이런 마음이다. 이런 열망 덕분에 문명이 일어날 수 있었다.

철학자들은 수천 년 동안 인간관계의 원칙에 관해 생각했다. 그 결과 단 한 가지 중요한 수칙이 정해졌다. 새로울 게 없으며, 인류의 역사만큼 오래된 규칙이다. 조로아스터교에서는 2500년 전부터 페르시아의 신도들에게 이 규칙을 전했다. 중국에서 유교는 2400년 전부터 이를 설파했다. 도교를 세운 노자는 중국의 한 계곡(Valley of the Han)에서 제자들에게 이 규칙을 전했다. 붓다는 예수가 태어나기 500년 전 신성한 갠지스의 강변에서 이를 가르쳤다. 힌두교의 성전에는 그보다 1000년 전에 이미 이 규칙이 담겨 있었다. 예수는 1900년 전 유대의 바위산에서 이를 가르쳤다. 그리고 이 규칙을 한 문장으로 정리했다. 이건 아마 세상에서 가장 중요한 규칙일 것이다.

남에게 대접받고자 하는 대로 남을 대접하라.

사람들은 주위로부터 칭찬받고 싶어 하고, 진정한 가치를 인정받고 싶어 한다. 우리가 사는 작은 세상 안에서 '나는 중요한 사람'이라는 느낌을 얻고 싶어 한다. 진심 없는 싸구려 아첨이 듣고 싶은 게 아니다. 진심이 담긴 칭찬을 원한다. 찰스 슈와브가 말했던 것처럼 친구와 동료로부터 '진심으로 인정받고 아낌없는 칭찬 듣기'를 바란다. 누구나 그렇다.

그러므로 황금률에 따라 대접받고 싶은 대로 다른 사람을 대접하자. 어떻게, 언제, 어디서 해야 할까? 대답하자면 항상, 어디서나 그렇게 해야 한다.

위스콘신주 오클레어에 사는 데이비드 스미스는 자선 공연장에서 음료 부스를 맡아달라는 부탁을 받은 난처한 상황에 어떻게 대처했는지 수업 시간에 들려주었다.

공연이 열리는 그날 밤, 공원에 도착했는데 음료 판매대 옆에 매우 기분이 나빠 보이는 나이 든 여성 두 분이 서 있는 걸 보았습니다. 두 분은 각자 서로 음료 판매의 책임자라고 생각하는 게 분명했습니다. 어떻게 해야 하나 생각하며 거기 서 있기만 했습니다. 그때 행사 후원위원회 사람이 나타나서 제게 현금이 든 상자를 건네며 음료 판매를 맡아주어서 고맙다는 인사를 건넸습니다. 그러더니 옆에 계신 여성분들은 로즈와 제인이며 음료 판매를 도와주실 거라고 소개하고 자리를 떠났습니다.

깊은 침묵이 이어졌습니다. 현금 상자가 책임자를 상징하는 것이라는 걸 깨닫고 저는 로즈에게 현금 상자를 주면서 제가 돈 계산을 잘하지 못할 수도 있으니 현금 상자를 맡아주면 고맙겠다고 말했습니다. 그러고 나서 제인에게는 음료 판매대에 배정된 10대 아이 두 명에게 소다수 제조기 사용법을 보여주라고 부탁하면서, 이들의 교육을 담당해달라고 말했습니다.

그날 저녁은 아주 즐거웠습니다. 로즈는 신나게 돈을 셌고, 제인은 10대 아이들을 감독했죠. 그리고 저는 음악회를 즐겼습니다.

이처럼 상대를 인정한다는 철학을 적용하는 데 프랑스 대사가 되거나 어느 협회의 회장이 될 때까지 기다려야 하는 건 아니다. 우리는 매일 일상에서 이런 마법의 힘을 부릴 수 있다.

또 다른 예를 살펴보자. 《크리스천(The Christian)》, 《재판관(The Deemster)》, 《맨섬 사람(The Manxman)》 등 홀 케인의 소설은 20세기 초 전부 베스트셀러가 되었다. 수백만 명이 그가 쓴 소설을 읽었다. 그는 대장장이의 아들이었다. 평생 교육받은 건 8년이 전부였다. 하지만 사망 당시 홀 케인은 당대의 문인 가운데 가장 부유한 작가였다.

그의 이야기는 다음과 같다. 홀 케인은 소네트와 발라드 형식의 시를 무척 좋아했다. 그래서 시인 단테 가브리엘 로제티의 시를 전부 읽었다. 심지어 로제티의 예술적인 성취를

찬양하는 글을 썼고, 글의 사본을 로제티에게 직접 보냈다. 로제티는 기뻐했다. 로제티는 아마 이렇게 생각했을 것이다.

'내 능력을 이렇게 격찬하는 젊은이는 분명 똑똑한 사람일 거야.'

그래서 로제티는 이 대장장이의 아들을 런던으로 초대해 비서로 삼았다. 이 일은 홀 케인 인생의 전환점이 되었다. 이 일을 시작하면서 당대의 작가들을 만날 수 있었기 때문이다. 작가들의 조언과 격려를 얻은 덕분에 하늘에 자신의 이름을 새기는 작가로서의 경력을 시작할 수 있었다.

맨섬에 있는 홀 케인의 집 그리바 캐슬은 전 세계 관광객들의 여행 명소가 되었고, 홀 케인은 수백만 달러의 유산을 남겼다. 그러나 누가 알 수 있으랴? 그가 만일 유명 작가를 칭찬하는 글을 쓰지 않았더라면 알려지지 않은 가난한 사람으로 죽을 수도 있었음을.

이것이 바로 진심 어린, 마음으로 느껴지는 칭찬이 지닌 거대한 힘이다.

로제티는 스스로 자신을 중요한 사람이라고 생각했다. 그건 이상한 일이 아니다. 거의 모든 사람이 자신을 중요한 사람, 아주 중요한 사람으로 여긴다.

누군가가 자기 존재의 중요성을 느끼게만 해주면 많은 사람의 인생이 변한다. 캘리포니아에서 우리 수업을 강의하는 강사 로널드 롤랜드는 동시에 미술과 공예 강사이기도 하다. 롤랜드는 공예 기초반 수업을 듣는 크리스라는 학생의 이야기를 이렇게 썼다.

크리스는 자신감이 부족하고 아주 조용한 내성적인 아이로, 마땅히 받아야 할 관심을 받지 못하는 그런 유형의 학생이었습니다. 저는 공예 고급반 강의도 맡고 있었는데, 이 강의를 들을 수 있게 된 학생들은 마치 지위가 상승하고 특권을 얻은 것처럼 생각했지요.

수요일에 크리스가 자리에서 열심히 작품을 만들고 있었습니다. 그를 보니 깊은 내면에 숨겨진 열정이 있다는 게 정말 느껴졌습니다. 그래서 크리스에게 고급반에 들어오지 않겠냐고 권했습니다. 그때 눈물을 참으려 애쓰던 크리스의 얼굴, 수줍은 열네 살 아이의 얼굴을 보여드릴 수 없어서 정말 아쉽습니다.

"저 말씀이세요, 롤랜드 선생님? 제가 그 정도로 잘하나요?"

"그래, 넌 그럴 만큼 솜씨가 충분해."

그즈음 눈물이 차올라 저는 자리를 떠나야 했습니다. 그날 교실 밖으로 나가는 크리스의 키가 두 뼘은 커진 듯 보였습니다. 크리스는 반짝이는 푸른 눈으로 저를 바라보면서 당당하게 말했습니다.

"롤랜드 선생님, 고맙습니다."

자신이 중요한 존재라는 걸 느끼고 싶은 깊은 바람, 크리스는 제게 절대 잊을 수 없는 그 교훈을 가르쳐주었습니다. 이 교훈을 잊지 않기 위해 저는 '우리는 중요한 사람이다'라는 표어를 써서 모두가 볼 수 있도록, 그리고 제가 만나는 모든 학생이 똑같이 중요한 존재라는 걸 저 스스로 떠올릴 수 있도록 교실 앞에 걸어두었습니다.

있는 그대로의 진실을 말하자면 우리가 만나는 거의 모든 사람은 자신이 어느 면에서 상대보다 낫다고 생각한다. 그러므로 사람의 마음을 사로잡는 확실한 방법은 그 사람이 중요한 사람인 걸 내가 알고 있음을, 그리고 진심으로 그렇게 생각하고 있음을 은근히 알려주는 것이다.

에머슨의 말을 명심하라.

"만나는 모든 사람이 어느 면에서는 나보다 낫다. 그래서 누구에게서나 배울 점이 있다."

그런데 한심한 점은 전혀 성취감을 느낄 이유가 없는 사람이 야단스럽게 자만심을 표하며 잘난 체하는 경우가 많다는 것이다. 이는 정말 역겨운 일이다. 셰익스피어가 '인간이여, 오만한 인간이여, 얄팍한 권위를 내세우며 하늘을 앞에 두고 잘도 속임수를 부리는구나. 천사를 울리면서'라고 표현한 것처럼.

도널드 맥마흔은 뉴욕주 라이에 있는 루이스 앤드 밸런타인 조경 회사의 관리자다. 맥마흔은 다음과 같은 일을 겪었다.

'친구를 사귀고 사람들에게 영향을 주는 법'을 알려주는 강연에 참석하고 나서 바로 저는 유명 법률가의 사유지에서 조경공사를 하게 되었습니다. 집주인이 나와 철쭉과 진달래 군락을 어디에 조성하고 싶은지 몇 가지 사항을 알려주었지요. 제가 말했습니다.

"판사님, 멋진 취미를 가지셨군요. 판사님의 훌륭한 개를 보고 감탄했어요. 매디슨 스퀘어 가든에서 열리는 애견 경연대회에서 매년 많은 상을 타시는 이유를 알 것 같습니다."

그런데 이런 사소한 칭찬의 효과는 그야말로 놀라웠습니다.

판사님이 말했어요.

"네 그렇죠. 개들 덕분에 재미있는 일이 많습니다. 개들이 있는 곳을 한번 볼래요?"

판사님은 거의 한 시간 동안 키우는 개와 개가 받은 상을 보여주었습니다. 심지어 개들의 혈통 족보까지 가져와 예쁘고 영리한 강아지의 혈통까지 설명했어요. 마침내 판사님이 물었습니다.

"집에 어린아이가 있나요?"

"네, 하나 있습니다."

"아이가 강아지를 키우고 싶어 하지 않나요?"

"아, 있다면 아주 좋아할 겁니다."

"좋아요, 내가 강아지를 한 마리 줄게요."

판사님은 강아지를 어떻게 키워야 하는지를 설명했습니다. 그러는가 싶더니 "말로 하면 잊어버리겠지. 내가 써서 줄게요"라고 하고는 집 안으로 들어갔고, 이내 강아지의 족보와 먹이 주는 방법을 타이핑한 종이와 수백 달러는 나갈 법한 강아지 한 마리를 안고 나왔습니다. 그리고 한 시간 15분이나 되는 소중한 시간을 내게 할애했어요. 판사님의 취미생활에 관해 솔직한 마음으로 칭찬했기 때문이죠.

프랑스 루앙에서 레스토랑을 경영하는 클로드 마레는 이 원칙을 사용함으로써 잃을 뻔한 핵심 인력을 놓치지 않을 수 있었다. 이 여직원은 5년간 레스토랑에서 일했고 사장인 마레와 21명의 직원을 이어주는 중요 연결고리의 역할을 맡고 있었다. 그런데 등기 우편으로 여직원의 사직서가 배달되자 마레는 충격을 받았다.

마레는 이렇게 말했다.

저는 매우 놀랐고, 무척 실망했어요. 왜냐하면 제가 그동안 그 직원을 잘 대해주었고, 그녀의 요구를 들어줬다고 생각하고 있었기 때문입니다. 저에게는 직원이자 친구 같은 존재였어요. 하지만 아마 그녀가 근무하는 걸 너무 당연시해서 다른 직원보다 훨씬 많은 업무를 요구했는지도 모릅니다.

당연히 저는 설명을 듣지 않고는 사직서를 받아들일 수 없었어요. 그래서 그녀를 따로 불러 말했지요.

"폴레트, 네 사직서를 받아들일 수 없다는 걸 알아줘야 해. 넌 나와 이 레스토랑에 정말 큰 의미를 지니는 사람이야. 이 레스토랑이 성공하려면 나만큼이나 네 역할이 중요해."

그리고 전체 직원 앞에서도 같은 말을 했습니다. 폴레트를 우리 집으로 초대해 우리 가족이 보는 앞에서 그녀에 대한 신뢰를 다시 한번 이야기했고요.

폴레트는 사직서를 철회했습니다. 그리고 지금 저는 그 어느 때보다 폴레트를 의지하고 있어요. 저는 폴레트가 하는 일을 칭찬하고, 나와 우리 레스토랑에 그녀가 얼마나 중요한 사람인지 보여주는 방식으로 자주 제 마음을 표현합니다.

"상대방에 관한 이야기를 하라."

대영제국을 통치했던 사람 중 누구보다 기민했던 디즈레일리 총리는 이렇게 말했다.

"상대방에 관한 이야기를 하라. 그러면 사람들은 몇 시간이고 귀를 기울일 것이다."

원칙 6

상대방에게 스스로 중요한 존재라고 생각하게 하라.
단, 진심 어린 마음으로 그렇게 해야 한다.

2

PART

사람들에게 사랑받는 법

원칙 1 :
다른 사람에게 진심 어린 관심을 가져라.

원칙 2 :
미소를 지어라.

원칙 3 :
사람의 이름은 상대에게는 그 어떤 말보다 중요하고
듣기 좋은 소리임을 기억하라.

원칙 4 :
경청하는 사람이 되라. 상대방이
자기 자신의 이야기를 하도록 이끌어라.

원칙 5 :
상대방의 관심사에 관해 이야기하라.

원칙 6 :
상대방에게 스스로 중요한 존재라고 생각하게 하라.
단, 진심 어린 마음으로 그렇게 해야 한다.

How to win friends & Influence people
for Woman

PART

3

사람들을 설득하는 법

논쟁에서
이길 방법은 없다

제1차 세계대전이 끝난 직후 나는 런던에서 어느 날 밤 소중한 교훈을 얻었다. 당시 나는 로스 스미스 경의 매니저로 일하고 있었다. 로스 경은 제1차 세계대전 중 팔레스타인 지역에서 활약한 오스트레일리아의 뛰어난 조종사로, 종전이 선언되자마자 지구의 절반을 30일 만에 날아와 세계를 깜짝 놀라게 했다. 전에는 그런 시도를 한 사람조차 없었으므로, 로스 경의 활약은 대단한 파문을 불러일으켰다. 오스트레일리아 정부는 상금 50,000달러를 수여했고, 영국 왕은 기사 작위를 내렸다. 그래서 로스 경은 한동안 영연방에서 사람들 입에 가장 많이 올랐다. 어느 날 저녁 나는 로스 경을 위한 연회에 참석했다. 저녁 식사를 하는 동안 내 옆에 앉은 남성이 '우리가 아무리 대충 해도 우리의 운명을 결정하는 건 신이다'라는 말을 인용해 웃긴 이야기를 했다.

이야기를 재밌게 이끌어가던 그는 자신이 인용한 문구는 성경 말씀이라고 했다. 하지만 그건 틀린 소리였다. 내가 확실히 알고 있었다. 내가 알고 있는 내용에 털끝만큼의 의심도 없었다. 나도 내가 중요한 존재라는 느낌을 받고 잘난 모습을 보이고 싶었다. 그래서 누구도 청하지 않고, 누구도 환영하지 않는, 잘못을 지적하는 사람이 되기로 했다. 그도 주장을 굽히지 않았다.

"뭐라고요? 셰익스피어가 한 말이라고요? 그럴 리 없습니다! 말도 안 되는 소리예요! 그건 성경 말씀입니다."

그는 자기 말이 맞다고 했다.

이야기를 한 사람은 내 오른편에 앉아 있었다. 그리고 왼편에는 내 오랜 친구인 가몬드가 앉아 있었다. 가몬드는 오랫동안 셰익스피어를 연구해왔기에 이야기를 한 남자와 나는 가몬드에게 답을 물어보기로 했다. 가몬드는 이야기를 듣고 식탁 아래로 나를 툭 치더니 말했다.

"데일, 자네가 틀렸네. 저분 말씀이 맞아. 그건 성경에 나오는 말씀이야."

그날 밤 집으로 돌아오는 길에 나는 가몬드에게 말했다.

"가몬드, 그 사람이 인용한 말이 셰익스피어 작품에 나온다는 걸 알고 있잖나."

가몬드가 대답했다.

"물론이지. 〈햄릿〉 5막 2장. 하지만 데일, 우린 즐거운 연회의 손님이었어. 뭐 하러 그 사람이 틀렸다는 걸 증명하려드나? 그렇게 해서 그 사람이 자네를 좋아하겠어? 그 사람체면을 살려주면 좋지 않았을까? 각을 세우는 일은 항상 피해야 하네."

가몬드는 내가 절대 잊을 수 없는 교훈을 가르쳐주었다. 나는 이야기를 꺼낸 사람을 불편하게 만들었을 뿐 아니라 내 친구까지 당황하게 했다. 내가 시비를 걸지만 않았다면 얼마나 좋았을까.

그건 내게 꼭 필요한 교훈이었다. 나는 상습적으로 논쟁을 벌이는 사람이었기 때문이다. 어린 시절 나는 은하수 아래에서 매사에 형과 논쟁을 벌였다. 대학에 가서는 논리학과 논증법을 배워 토론 대회에 참가했다.

미주리주 출신에 관해 이야기해보자. 나는 미주리주에서 태어났다. 그래서 맞는 말인지 확인해야 하는 사람이었다. 후에 나는 뉴욕에서 토론과 논증을 가르쳤다. 그리고 부끄럽지만 한번은 토론과 논증을 주제로 책을 쓰려고도 했었다. 그때 이후로 나는 수천 번의 논쟁을 듣고, 참여하고, 결과를 관찰했다. 이 모든 활동 결과, 논쟁에서 이기는 이 세상 최고의 방법은 오직 하나밖에 없다는 결론에 도달했다. 그건 바로 논쟁을 피하는 것이다.

방울뱀과 지진을 피하듯 논쟁을 피하라. 논쟁은 십중팔구 양쪽이 각자 자기주장이 절대 옳다는 생각을 한층 더 하면서 끝나버린다.

논쟁에서는 이길 방법이 없다. 왜냐하면 논쟁에서 지면 지는 것이고, 논쟁에서 이겨도 지는 것이기 때문이다. 왜 그럴까? 논쟁에서 상대방을 이겼고, 구멍투성이인 상대방의 주장을 저격했고, 상대방이 '멘붕'의 상태라는 걸 증명했다 치자. 그래서 뭐 어쩌란 말인가? 우리 기분은 좋을지 모른다. 하지만 상대방의 기분은 어떨까? 상대는 열등감을 느낄 것이다. 즉, 우리는 그 사람의 자존심에 상처를 낸 꼴이 된다. 그러면 그 사람은 우리의 승리에 분개한다. 그리고 이렇게 된다.

의지에 반해 설득당한 사람은

여전히 자기 의견을 굽히지 않는다.

현자 벤저민 프랭클린은 다음과 같이 말하곤 했다.

"논쟁을 벌여 상대에게 상처를 주고 반박하면 때로 승리를 거둘지 모른다. 하지만 결코 상대의 호의를 얻지 못하니 공허한 승리일 뿐이다."

자, 스스로 생각해보라. 이론적이고 극적인 승리를 얻을 것인가 아니면 상대의 호의를 얻을 것인가? 둘 다 얻을 수 있는 경우는 거의 없다.

〈보스턴 트랜스크립트〉에 다음과 같은 짧막하고 우스운 시가 실린 적이 있다.

여기 윌리엄 제이가 잠들다.

죽을 때까지 자기가 옳다고 주장하던 사람.

그의 말이 맞았다. 꼭 맞았다. 그가 계속 주장했던 것처럼.

하지만 마치 그는 틀린 사람이나 마찬가지로 죽어 잠들었다.

여러분 말이 맞을지 모른다. 꼭 맞을 것이다. 여러분이 논쟁하면서 계속 주장하는 것처럼 말이다. 하지만 다른 사람의 마음을 돌려야 한다는 걸 생각하시면 그건 틀린 주장을 하는 것만큼이나 헛된 일이다.

소득세 전문 컨설턴트인 프레데릭 파슨스는 정부 세금 조사관과 한 시간째 언쟁을 벌이고 있었다. 9,000달러가 걸린 사안이었다. 파슨스는 이 9,000달러가 사실상 악성 부채라서 수금할 수 없는 돈이므로 세금을 징수해서는 안 된다고 주장했다. 세금 조사관이 반박했다.

"악성 부채라니요, 세상에! 이건 과세 대상에 해당합니다."

파슨스는 수업 시간에 이 이야기를 들려주었다.

세금 조사관은 차갑고, 거만하고, 고집스러웠습니다. 어떤 이유나 사실도 소용이 없었습니다. 논쟁이 길어지면 길어질수록 그는 점점 더 고집을 부렸어요. 그래서 저는 논쟁을 피하기로 마음먹고 주제를 바꿔 그 사람을 칭찬했습니다. 이렇게요.

"조사관님께서 하셔야 하는 정말 중요하고 어려운 일에 비교하자면 이건 아주 사소한 문제인 것 같습니다. 저도 세금 공부를 했습니다만 전부 책을 통해 배울 수밖에 없었어요. 하지만 조사관님께서는 최전선에서 경험을 통해 지식을 얻으셨죠. 가끔 조사관님과 같은 일을 하고 싶다는 생각을 한답니다. 그러면 많이 배울 수 있을 것 같아요."

제가 한 말은 전부 진심이었습니다.

"음."

조사관이 의자에서 몸을 바로 세우더니 등을 기대고 자신이 하는 일에 관해 이야기를 시작했죠. 교묘한 사기 수법을 밝혀낸 일화도요. 시간이 지날수록 목소리가 점점 친절해졌고 이내 조사관은 자기 아이에 대해서도 이야기했습니다. 헤어질 때 그는 내 문제에 관해 더 생각해보고 며칠 내에 결정 사항을 알려주겠다고 했습니다.

3일 뒤, 조사관은 처음 세금 신고를 했던 대로 처리될 것이라고 알려주었습니다.

세금 조사관은 인간의 가장 흔한 약점을 잘 보여준다. 바로 존재의 중요성을 느끼고 싶어 한다는 점이다. 파슨스와 논쟁을 하는 한 조사관은 자신의 권위를 소리 높여 주장해야 존재의 중요성을 느낄 수 있었다. 그런데 파슨스가 조사관의 존재의 중요성을 인정하고 논쟁을 멈춰 그의 자존심을 세워주자마자 상대에 공감하는 친절한 사람이 되었다.

붓다는 이렇게 말했다.

"미움을 없애는 건 미움이 아니라 사랑이다."

그리고 싸움을 끝내는 건 논쟁이 아니라 눈치, 수완, 화해와 다른 사람의 시각으로 보려는 공감의 마음이다.

뉴저지 페어필드의 이코노미스트 출판사에서 발행하는 잡지 〈비츠 앤드 피시즈(Bits and Pieces)〉에는 의견이 일치하지 않을 때 논쟁으로 번지는 걸 막는 법이 실려 있다.

의견이 서로 다르다는 걸 기쁘게 받아들여라. '두 사람의 의견이 항상 일치하면, 한 명은 필요 없는 사람이다'라는 말을 기억하라. 상대방 의견에 내가 생각지 못했던 내용이 있으면 알게 된 걸 감사히 여겨라. 상대방과 의견이 다르다는 건 심각한 실수를 저지르기 전에 나를 바로잡을 기회다.

맨 처음 본능적으로 느껴지는 인상을 믿지 말라. 의견이 일치하지 않는 상황 속에서 처음 우리는 자연스레 방어적인 반응을 보인다. 이에 주의하라. 차분함을 유지하면서 자신의 첫 반응을 주시하라. 최선이 아닌 최악의 반응을 보이는 건 우리 자신일 수 있다.

감정을 조절하라. 무엇 때문에 화내는지를 보면 누군가가 지닌 그릇의 크기를 알 수 있음을 명심하라.

우선 들어라. 상대방에게 말할 기회를 주고, 말을 마칠 때까지 기다려라. 이에 저항하거나 방어하거나 논쟁하지 말라. 그래봤자 벽만 쌓을 뿐이다. 오해의 벽을 높이려 하지 말고 이해의 가교를 놓으려 애써라.

의견이 일치하는 부분을 찾아라. 상대방의 의견을 듣고 자신이 동의하는 부분이나 영역이 어디인지 먼저 잘 생각해보라.

솔직하게 대하라. 잘못된 부분을 찾아 인정하고 그렇다고 말하라. 자신의 실수에 대해서는 사과하라. 상대방의 마음을 누그러뜨리고 방어적인 자세를 낮추는 데 도움이 될 것이다.

상대방의 주장에 관해 깊이 생각하고 자세히 확인할 것을 약속하라. 그리고 진짜 그렇게 해보라. 상대방의 주장이 맞는 말일 수도 있다. 서둘러 논쟁을 이어가다가 상대방이 "우리가 말해주려 애썼는데 당신이 듣질 않았어요"라고 하는 소리를 듣는 처지가 되는 것보다 이 단계에서 상대 의견의 요지를 생각해보겠다고 말하는 편이 훨씬 쉽다.

상대방이 관심을 가지는 데 진심으로 감사하라. 누군가 시간을 들여 나와 다른 의견을 낸다는 건 나와 같은 데 관심이 있다는 뜻이다. 상대를 정말 날 도우려는 사람으로 생각하라. 그러면 적을 친구로 바꿀 수 있다.

양쪽이 문제를 충분히 생각할 수 있도록 행동을 미뤄라. 모든 사실을 참고할 수 있도록 그날 늦게 아니면 다음 날 다시 만나자고 하라. 다음 만남을 준비하면서 다음과 같은 어려운 질문을 스스로 던져라.

상대방 말이 맞을까? 부분적으로 맞는 이야기일까? 상대의 처지나 주장에 진실이나 장점이 있을까? 내가 보이는 반응은 문제 해결에 도움이 되는 것일까, 아니면 그냥 불만을 해소하려는 것일까? 내가 보이는 반응은 상대를 멀어지게 만드는 것일까, 아니면 이쪽으로 끌어당기는 것일까? 내가 보이는 반응은 나에 대한 사람들의 평가를 좋아지게 하는 것일까? 내가 이길까, 질까? 여기서 이긴다면 어떤 대가를 치러야 할까? 내가 입을 다물면 의견이 일치하지 않는 상황이 지나갈까? 이 어려운 상황이 내게 기회가 될까?

오페라 테너 가수 얀 피어스는 50년 결혼생활 끝에 이렇게 말했다.

"우리 부부가 오래전 한 가지 약속을 했습니다. 우리는 서로 아무리 화가 나도 그 약속을 지켜왔어요. 한 사람이 소리를 지르면 다른 한 사람은 들어야 한다는 약속입니다. 두 사람이 같이 소리치면 의사소통은 이루어지지 않고 그냥 시끄러운 소리와 부정적인 기운만 남으니까요."

원칙 1

논쟁을 통해 최선의 결과를 얻을 유일한 방법은 논쟁을 피하는 것이다.

적을 만드는 확실한 방법,
그런 상황을 피하는 방법

  시어도어 루스벨트가 대통령으로 백악관에 있었을 때, 자기 생각이 75%의 확률로 맞는다면 그것이 기대할 수 있는 최고치라고 고백했다.

  20세기의 가장 뛰어난 인물이 달성하기를 바라며 매긴 최고의 점수이다. 우리 같은 사람은 어떨까?

  55% 정도의 생각이 맞는다는 게 확실하면 월스트리트로 가서 매일 100만 달러씩 벌 수 있다. 55%의 생각조차 맞는다는 확신이 없다면 상대가 틀렸다는 이야기를 어떻게 할 수 있단 말인가?

말로 전하는 것과 똑같이 눈길로도, 목소리의 억양으로도, 몸짓으로도 상대에게 틀렸다고 할 수 있다. 만일 상대에게 틀렸다고 하면 상대는 내 생각에 동의할까? 절대 그렇지 않다! 우리가 상대의 지성, 판단력, 자존심, 자존감에 직접적인 타격을 입혔기 때문이다. 상대는 반격하고 싶어 하지, 생각을 바꾸려고는 들지 않는다. 그러면 우리는 플라톤이나 칸트의 논리를 전부 쏟아부어도 상대의 생각을 바꿀 수 없다. 그들의 마음을 상하게 했기 때문이다.

상대에게 이러이러한 것으로 증명하겠다는 말로 대화를 시작하지 말라. 그건 좋지 못하다. 그건 마치 "난 너보다 똑똑해. 그러니 네게 한두 가지 가르침을 줘서 네 생각을 바꿀 거야"라고 말하는 것과 같다. 그건 상대에게 도전하는 짓이다. 말을 꺼내기도 전에 상대의 반발심을 키워 싸우고 싶어지게 만든다.

사람의 생각을 바꾸는 건 가장 좋은 조건 아래에서도 어려운 일이다. 그런데 왜 일을 더 어렵게 만드는가? 무엇 때문에 상황을 불리하게 만드는가?

무언가 증명할 거라면 누구도 눈치채지 못하게 하라. 교묘하게, 영리하게 처리해서 우리가 그렇게 했다는 걸 아무도 느끼지 못하게 하라. 이는 알렉산더 포프의 시에 간단명료하게 잘 표현되어 있다.

사람을 가르칠 때는 상대가 눈치채지 못하게 가르치고,
새로운 사실을 제안할 때는 잊어버렸던 것이
생각난 듯 말하라.

300여 년 전에 갈릴레오는 이렇게 말했다.

"우리는 남에게 아무것도 가르칠 수 없다. 상대가 스스로 찾기를 도와줄 수 있을 뿐이다."

체스터필드 경은 아들에게 이렇게 말했다.

"다른 사람보다 현명해져라. 하지만 사람들에게 그렇다고 말해서는 안 된다."

소크라테스는 아테네에서 제자들에게 반복해서 말했다.

"내가 아는 단 한 가지 사실은 내가 아무것도 모른다는 사실이다."

음, 나는 소크라테스보다 똑똑해지기를 바랄 수 없으므로 사람들에게 틀렸다고 말하는 걸 그만두었다. 그랬더니 내게 도움이 되었다.

누군가가 여러분의 생각이 틀렸다고 한다면(그렇다. 심지어 그 말이 틀렸다는 걸 안다 해도), 이렇게 말하는 게 더 낫지 않을까?

"음, 제 생각은 다르지만 제가 틀렸을 수 있습니다. 종종 그렇거든요. 만일 제 생각이 틀렸다면 바로잡고 싶습니다. 다시 검토해봅시다."

'제가 틀렸을 수 있어요. 종종 그렇거든요. 다시 검토해봅시다.'

이런 표현 속에는 마법, 좋은 일을 불러오는 마법이 들어 있다.

"제가 틀렸을 수 있어요. 다시 검토해봅시다."

이렇게 말하는데 하늘에서나 땅에서나 물속에서조차 이 말에 반대할 사람은 없다.

틀렸다고 인정하면 절대 곤경에 빠질 일이 없다. 그러면 모든 논쟁을 멈출 수 있고, 우리처럼 상대방도 똑같이 공정해지려 하고, 마음을 열고, 너그러워진다. 상대방도 자신이 틀렸을 수 있다는 점을 인정하고 싶게 만드는 것이다.

상대가 틀렸다는 게 확실할 때, 당신이 틀렸다고 직설적으로 말하면 어떻게 될까? 예를 보자. S는 뉴욕의 젊은 변호사인데, 한번은 미국 대법원에서 다소 중요한 사건(러스트가르텐 대 플리트 280 U.S. 320)을 두고 논쟁을 벌이게 되었다. 이 사건에는 상당한 돈과 중요한 법적 문제가 걸려 있었다. 변론하는 동안 대법원 판사가 S에게 말했다.

"해상법의 공소시효는 6년입니다. 그렇지요?"

S는 말을 멈추고 잠시 판사를 응시하다 퉁명스레 말했다.

"존경하는 재판장님, 해상법에는 공소시효가 없습니다."

우리 수업에 나와 자신의 경험을 발표하던 S는 이렇게 말했다.

법정에는 침묵이 흘렀습니다. 분위기는 차가워 얼어붙는 것 같았죠. 제 말은 맞는 말이었습니다. 판사님 말씀은 틀렸고요. 그래서 그렇다고 말한 것이었지만 그래서 판사님이 저를 우호적으로 대하셨을까요?

아닙니다. 저는 지금도 그 법에 대한 제 생각이 맞다고 믿습니다. 그리고 그 어느 때보다 변론도 잘했다고 생각합니다. 하지만 저는 판사님을 설득하지 못했어요. 매우 학식이 높고 저명한 분에게 당신은 틀렸다고 말하는 엄청난 실수를 저지른 겁니다.

논리적인 사람은 드물다. 사람은 대부분 편견을 가졌고, 생각이 편향되어 있다. 그리고 선입견, 질투, 의심, 두려움, 부러움, 자존심 때문에 일을 망친다. 사람은 대부분 종교에 관한 생각을 바꾸고 싶어 하지 않으며, 머리 모양이나 공산주의, 혹은 좋아하는 영화배우에 관한 생각도 바꾸고 싶어 하지 않는다. 그러니 누군가에게 당신이 틀렸다는 말이 하고 싶어지면 매일 아침 식사를 하기 전에 다음 글을 읽어라. 제임스 하비 로빈슨 교수의 명저《정신의 발달 과정(The Mind in the Making)》에 나오는 글이다.

우리는 때로 아무런 저항이나 큰 감정의 변화 없이 생각을 바꿀 때가 있다. 하지만 누군가가 당신이 틀렸다고 하면 우리는 비난에 분개하고 고집을 부린다. 우리는 믿을 수 없을 정도로 별다른 생각 없이 믿음을 형성하지만, 누군가 그 믿음을 뺏으려 들면 쓸데없는 열정으로 믿음을 지킨다. 여기에서 우리에게 중요한 건 믿음 그 자체가 아니라 우리의 자존심이 위협받는다는 생각임이 분명하다!

인간사에서 가장 중요한 건 '나'라는 짧은 단어이다. 따라서 '나'에 관해 잘 생각해보는 일이 지혜를 얻는 첫걸음이다. '나'는 '나의' 저녁, '나의' 강아지, '나의' 집, '나의' 아빠, '나의' 나라, '나의' 신에서 똑같은 힘을 가진다. 우리는 네 시계가 별로라거나 네 차가 낡았다는 비난에 분개할뿐더러 화성의 운하, '에픽테토스(Epictetus)'의 발음, 살리신(salicin)이라는 물질의 의학적 가치, 메소포타미아 왕조 사르곤 1세의 재위 기간에 관한 생각을 바꾸라고 할 때도 마찬가지로 분개한다. 사람은 지금까지 사실로 받아들여 익숙해진 내용을 계속 믿고 싶어 하고, 그게 무엇이든 우리가 추정하는 바에 의심을 비추면 분노하며, 어떻게든 내 생각을 바꾸지 않을 방법을 찾는다. 결국 추론이라 부르는 과정은 대부분 우리가 이미 믿고 있는 내용을 계속해서 믿을 논거를 찾는 일이다.

저명한 심리학자인 칼 로저스는 《진정한 사람 되기(On Becoming a Person)》라는 책에서 이렇게 썼다.

다른 사람을 이해하라고 스스로 허락하면, 즉 내가 상대방을 이해할 때 그것이 엄청난 가치가 있음을 발견했다. 이런 식으로 말하는 게 이상하게 들릴 수도 있겠다. 다른 사람을 이해하는 일을 스스로 허락할 필요라니? 내 생각에는 그렇다. 다른 사람에게서 듣는 말 대부분에 대한 우리의 첫 번째 반응은 그 말을 이해하려는 게 아니라 평가하거나 판단하려 드는 것이다. 누군가가 자신의 기분이나 태도, 믿음을 표현할 때 우리는 대개 듣자마자 '맞아'라거나 '어리석은 소리로군', '비정상적이야', '비합리적인데?', '옳지 않아', '좋지 않아'라고 느끼는 경향이 있다. 상대방에게 그 말이 어떤 의미를 지니는지 정확하게 이해하자고 스스로 생각하는 사람은 매우 드물다.

한번은 우리 집에 커튼을 달려고 실내장식 업자를 고용한 적이 있었다. 청구서가 왔을 때 나는 경악을 금치 못했다.

며칠 뒤 친구가 우리 집에 와서 커튼을 보았다. 가격을 얘기했더니 친구는 의기양양하게 소리쳤다.

"뭐라고? 말도 안 되는 가격이네. 바가지 쓴 것 같아."

사실일까? 그럴 것이다. 친구는 내게 사실을 말했다. 하지만 상대방의 판단이 반영된 사실을 듣고 싶어 하는 사람은 거의 없다. 그래서 나도 사람이기에 나 자신을 변호하려 애썼다. 싼 물건은 결국 비지떡이고 할인 가격으로 산 물건에서 품질과 예술적 취향은 기대할 수 없다는 둥 그런 소리를 늘어놓았다.

다음 날 또 다른 친구가 집에 왔다. 이 친구는 커튼을 보고 감탄하며 흥분하더니 자기도 집에 이렇게 아름다운 커튼을 달 여유가 있었으면 좋겠다고 말했다. 내 반응은 어제와 완전히 달랐다.

"음, 사실을 말하자면 내게도 부담스러운 금액이었어. 너무 비쌌거든. 주문한 걸 후회했어."

잘못된 생각을 했다면 스스로는 그걸 인정한다. 다른 사람이 부드럽고 요령 있게 접근하면 그에게도 인정할 수 있고, 그러면서 심지어 나는 솔직하고 너그러운 사람이라는 자부심까지 느낀다. 하지만 누군가가 받아들이기 어려운 사실을 나에게 쑤셔 넣으려 들면 절대 내 생각이 잘못되었다는 걸 인정하지 않는다.

인간관계 맺는 법과 자기 관리하는 법, 인격을 수양하는 법에 관한 훌륭한 조언이 필요하다면 벤저민 프랭클린의 전기를 읽기 바란다. 벤저민 프랭클린의 전기는 미국 문학의 고전이자 지금까지 출판된 전기 가운데 가장 흥미로운 인생 이야기를 담고 있다. 벤저민 프랭클린은 이 책에서 어떻게 논쟁을 거듭하는 잘못된 습관을 바로잡았는지, 그리고 어떻게 미국 역사상 가장 유능하고, 온화하며, 처세에 능한 사람이 될 수 있었는지를 이야기한다.

벤저민 프랭클린이 아직 처세에 서툴렀던 어린 시절, 어느 날 퀘이커교도인 옛 친구가 그를 불러 몇 가지 뼈아픈 사실을 이야기하며 몰아세웠다. 대충 이런 얘기였다.

"벤저민, 너는 정말 안 되겠다. 네 의견 속에는 생각이 다른 사람을 전부 후려치는 내용이 들어 있어. 네 의견은 너무 불쾌해서 아무도 좋아하지 않아. 네 친구들도 네가 없을 때 더 즐겁대. 네가 너무 많이 아는 척하니까 네게 뭔가 이야기해주는 사람은 아무도 없어. 사실 아무도 너와 말하려고 하지 않아. 그런 노력을 해봤자 불편해지고 힘들어질 뿐이니까 말이야. 그러니 넌 지금 아는 것보다 더 많이 알게 될 일은 거의 없을 거야, 그럴 가능성은 아주 희박하지."

내가 아는 벤저민 프랭클린의 가장 좋은 점은 그런 따끔한 질책을 받아들이는 방식이다. 벤저민 프랭클린은 그 말이 사실이라는 것과 자신이 실패를 향하고 있으며 이렇게 가다가는 사회적 관계가 엉망이 될 것임을 깨달을 만큼 그 릇이 크고 현명했다. 그래서 벤저민 프랭클린은 180도 방향을 바꿨고, 무례하고 독선적인 태도를 즉시 달리했다.

벤저민 프랭클린은 이렇게 말했다.

저는 어떤 식으로든 다른 사람의 기분에 반하는 이야기, 그리고 나 자신에 관한 좋은 이야기는 전부 참기로 했습니다. 심지어 '분명', '의심할 바 없이'처럼 단정적인 의견을 나타내는 단어나 표현도 전혀 쓰지 않기로 했습니다. 그 대신 '~라고 생각합니다'라든지 '~로 여겨집니다' 혹은 '이렇게 저렇게 될 것 같습니다', '지금으로서는 그렇게 보입니다'와 같은 표현을 쓰기로 했지요. 누군가가 잘못된 주장을 한다는 생각이 들어도 퉁명스럽게 반박하려 들지 않았고, 그 사람의 주장이 엉터리라는 것을 즉시 밝히지 않았습니다. 대답할 때는 '문제 혹은 조건에 따라 상대의 이야기가 맞을 수 있다고 생각하지만, 당면한 문제에 적용하면 내 생각은 다소 다르다'는 식으로 이야기했고요. 이렇게 태도를 바꾸고 나니 금세 좋은 점이 생겼습니다. 대화에 참여하는 게 더 즐거워졌어요. 겸손한 방식으로 의견을 제시하니 상대방도 더 잘 받아들이고 반박도 줄었습니다. 내가 틀렸다는 걸 알아도 전보다 덜 억울했고, 내 의견이 옳은 경우에는 다른 사람들이 전보다 흔쾌히 틀렸음을 인정하고 제 의견에 동의해주었습니다.

이런 태도를 갖추기까지 처음에는 자연스러운 반응을 강제로 억눌러야 했습니다. 하지만 마침내 아주 쉬워졌고, 습관이 되었습니다. 그래서 아마 지난 50년 동안 제가 독단적인 이야기를 하는 걸 들은 사람은 없을 겁니다. 저의 진실한 성격에 이어 이런 습관이 생기면서 새로운 제도를 만들거나 과거의 제도를 바꾸려 할 때 많은 시민이 제 의견을 지지해주었지요. 그리고 의회에 진출해서도 큰 영향력을 행사할 수 있었어요. 저는 말을 잘하는 사람이 아니라서 유창하게 말하지 못할 뿐 아니라 단어 선택도 망설이고 언어 사용도 정확하지 않아요. 하지만 이런 습관 덕분에 대체로 제 뜻을 전할 수 있었습니다.

마틴 루터 킹 목사는 평화주의자이면서 어떻게 당시 흑인 출신 미국 최고위 군인인 공군 장성 대니얼 '채피(Chappie)' 제임스를 존경할 수 있냐는 질문을 받았다. 킹 목사가 대답했다.

"나는 내 기준이 아니라 상대방의 기준으로 사람을 판단합니다."

사실, 이번 장에서 내가 특별히 새로운 얘기를 한 건 아니다. 2000년 전 예수가 말했다.

"너의 적과 속히 합의하라."

예수가 태어나기 2200년 전 이집트의 악토이 왕은 아들에게 지혜로운 조언을 했는데, 이 조언은 오늘날에도 매우 필요한 내용을 담고 있다.

"다른 사람의 기분을 상하게 하지 않는 외교적 수완을 갖추어야 얻을 게 있다."

요컨대 고객이나 배우자나 적과 논쟁하지 말라는 것이다. 그들의 생각이 잘못되었다고 말하지 말고 화를 돋우지 말라. 외교적인 수완을 약간 발휘하라.

원칙 2

상대방의 의견을 존중하라. '당신이 틀렸다'는 말은 절대 하지 말라.

3

잘못을 했다면 인정하라

아무리 해도 질책받을 수밖에 없는 일이 있다면 다른 사람보다 먼저 내가 스스로 질책하는 편이 훨씬 낫지 않을까? 타인의 입으로 비판의 소리를 듣는 것보다 자기비판을 하는 소리가 훨씬 듣기에 낫지 않을까?

다른 사람이 나를 비판하려 하는 모든 내용을 자신에게 스스로 말해보라. 그리고 상대가 내게 그런 말을 할 일이 생기면 그 사람 앞에서 먼저 말하라. 높은 확률로 분명 상대는 너그럽게 용서하는 태도를 보이며 잘못을 별거 아니라고 여길 것이다.

상업 미술가인 페르디난드 워렌은 이 방법으로 심통 사납고, 잔소리가 심한 고객의 호의를 얻었다.

"광고와 출판이 목적인 그림을 그릴 때는 정밀하고 아주 정확히 그리는 게 중요합니다."

워렌이 이야기를 이어갔다.

일부 미술 편집자는 주문한 작품을 바로 그려달라고 요구합니다. 이런 경우에는 사소한 실수가 발생하곤 합니다. 제가 아는 어느 미술 감독은 특히 항상 사소한 실수를 지적하면서 좋아하곤 했습니다. 그를 만나고 사무실을 나설 때는 넌더리가 나곤 했는데 비판받아서가 아니라 그가 공격하는 방식 때문이었습니다. 최근에도 그에게 급히 완성한 작품을 보냈었는데, 전화를 걸어서는 당장 자기 사무실로 오라고 하더군요. 뭔가 잘못됐다고 하면서요. 사무실에 도착하니 그는 제가 예상했던 바로 그 실수를 지적했고, 저는 두려웠습니다. 그는 제 실수를 신랄하게 지적했고, 비판할 기회를 잡아 고소해하는 듯했습니다. 그러면서 저에게 왜 이렇게 했냐는 등의 이야기를 하며 열을 냈습니다. 수업 시간에 배운 자기비판의 원칙을 적용할 기회가 왔습니다. 그래서 제가 말했지요.

"감독님, 감독님 말씀이 사실이라면 제 잘못이니 실수에 대한 변명의 여지가 없습니다. 감독님이 생각하시는 바를 더 잘 알 만큼 오랫동안 그림을 그렸는데 스스로 참 부끄럽습니다."

그랬더니 그가 즉각 나를 변호하기 시작했습니다.

"그렇기는 하지만 큰 실수는 아니니까요. 그저……."

제가 끼어들었습니다.

"어떤 실수건 대가가 따르고, 전부 짜증이 나게 하니까요."

감독이 끼어들려 했지만, 저는 멈추지 않았지요. 저는 즐거웠습니다. 살면서 처음으로 자기비판을 했는데 기분이 좋았습니다.

"제가 좀 더 주의를 기울였어야 해요."

제가 계속 말했습니다.

"저한테 많은 일을 주시는걸요. 그러니 최고의 결과물을 받으셔야 해요. 이 그림은 전부 새로 그려오겠습니다."

"아닙니다! 아니에요!"

그가 반대했다.

"작가님을 번거롭게 만들 생각은 없습니다."

그러더니 그는 내 작품을 칭찬하고, 자신은 그림을 살짝 수정하기만 원하며, 이런 사소한 실수로는 비용 같은 게 전혀 발생하지 않는다고 확인해주었습니다. 결국, 그림 속 실수는 세세한 부분에 불과해 걱정할 필요가 없는 것이었습니다.

제가 열심히 자신을 비판하니 상대는 싸울 마음이 전부 사라졌습니다. 결국, 그는 저를 점심 식사에 초대했습니다. 헤어지기 전에 그는 저에게 그림 대금을 지급했고, 또 다른 그림도 주문했습니다.

자신의 실수를 인정하는 용기를 발휘하면 어느 수준만큼의 만족감이 생긴다. 죄의식과 자신을 방어하는 분위기를 없애줄뿐더러 실수로 말미암아 일어난 문제를 해결하는 데도 도움 된다.

뉴멕시코주 앨버커키에 사는 브루스 하비는 병가를 낸 직원에게 월급을 전액 지급하는 결재를 내렸다. 실수를 발견했을 때 하비는 해당 직원에게 사실을 알리고 잘못을 바로잡기 위해 다음 급여 때 이번에 추가 지급된 금액만큼 제하겠다고 알렸다. 그러자 그 직원은 그러면 재정적으로 심각한 문제가 생긴다며 일정 기간에 걸쳐 나누어 제해줄 것을 요청했다. 그것은 상사의 승인이 필요한 일이었다. 하비는 수업 시간에 이렇게 말했다.

그렇게 하면 상사가 매우 화낼 것임을 저는 알고 있었습니다. 이 상황을 어떻게 하면 더 잘 처리할 수 있을까 생각하다가 모든 문제가 제 잘못임을 깨달았습니다. 상사에게 가서 제 잘못을 인정해야 했죠.

상사의 사무실로 가서 제가 실수를 했다고 말하고 자초지종을 설명했습니다. 상사는 화를 내며 그건 인사팀의 잘못이라고 했습니다. 하지만 저는 계속 그건 제 실수였다고 말했지요. 상사는 또 회계팀의 부주의함에 화를 냈습니다. 저도 다시 한번 그건 제 잘못이었다고 말했어요. 상사는 사무실의 다른 직원 두 명을 상대로 화를 냈습니다. 이렇게 상사가 다른 누군가를 탓할 때마다 저는 그건 제 실수였다고 다시 말했습니다. 마침내 상사가 저를 바라보며 말했어요.

"좋아, 이건 자네 잘못이로군. 그럼 이제 다시 바로잡게."

잘못 지급된 급여는 다시 정리되었고 누구도 문제에 휘말리지 않았습니다. 어려운 상황을 잘 해결했고, 변명하려 들지 않고 용기를 냈기에 기분이 정말 좋았습니다. 상사도 예전보다 저를 더 존중해주십니다.

어떤 바보라도 자신이 저지른 실수를 변호하려 들 수 있다. 그리고 바보들은 대부분의 실수에 그렇게 대처한다. 하지만 실수를 인정하는 사람만이 남들보다 뛰어나고, 고결함과 기쁨을 맛볼 수 있다.

엘버트 허버드는 미국 전역을 뒤흔든 창의적인 작가이며 그의 신랄한 문장은 종종 격렬한 분노를 불러일으켰다. 하지만 허버드는 남다른 인간관계 기술이 있었고 자주 적을 친구로 바꾸어놓았다.

예를 들면 화가 난 독자가 편지를 보내 '당신의 글 중 이러이러한 점에 동의할 수 없으며, 당신은 이러저러한 사람이다'라고 욕을 하면 이렇게 답장을 보냈다.

생각해보니 저도 저 자신에게 완전히 동의하진 못하겠습니다. 어제 쓴 글을 오늘 읽어보면 저도 내용이 전부 마음에 들지는 않습니다. 이 주제에 관한 독자님의 생각을 알 수 있어서 기쁩니다. 언제 근처에 오시면 방문해주세요. 이 주제에 관해 철저히 검토하면 좋을 것 같습니다. 멀리 떨어진 곳에 있지만 여기서 악수를 청합니다.

감사합니다.

이렇게 대처하는 사람한테 무슨 말을 할 수 있을까?

내 생각이 옳을 때는 부드럽고 요령 있게 남을 설득하고, 틀렸을 때는(자신을 솔직히 바라보면 자기 생각이 옳지 않은 경우가 놀라우리만치 자주 있음을 알게 된다) 빠르고 확실하게 잘못을 인정하자. 그러면 놀라운 결과를 얻을 수 있을 뿐 아니라 믿기 어렵겠지만 같은 상황에서 자기를 변호하려 애쓰는 것보다 훨씬 재미있다.

옛 속담을 기억하라.

'싸워서는 원하는 바를 충분히 얻을 수 없다. 그러나 양보하면 기대 이상의 것을 얻게 된다.'

원칙 3

잘못했으면 빨리, 확실하게 인정하라.

4

꿀 한 방울

화가 났을 때 상대에게 한두 마디 퍼붓고 나면 기분이 나아진다. 하지만 상대방은 어떨까? 상대방도 우리처럼 속이 시원할까? 공격적인 목소리나 적대적인 태도를 보인 우리에게 상대방이 쉽게 동의할까?

미국의 28대 대통령 우드로 윌슨은 다음과 같이 말했다.

"당신이 두 주먹을 불끈 쥐고 나를 찾는다면 내 주먹은 그보다 더 빨리 나갈 것이다. 하지만 당신이 내게 와서 '우리 함께 앉아서 이야기 좀 나눕시다. 우리 의견이 서로 다르다면 왜 다른지, 무엇이 문제가 되는지 이야기해봅시다'라고 말한다면 결국 우리 의견 차이가 그리 크지는 않다는 걸 곧 알게 될 것이다. 우리가 의견을 달리하는 부분은 드물고 같은 생각을 하는 부분은 많다. 인내심과 솔직함, 그리고 함께 하겠다는 마음만 있으면 우리는 함께 잘할 수 있다."

누군가가 우리를 향한 불만과 나쁜 감정으로 가득한 마음을 지니고 있다면 세상 그 어떤 논리를 가져와도 그 사람을 설득할 수 없다. 아이를 꾸짖는 부모, 위세를 부리는 상사와 남편, 잔소리하는 아내는 누군가가 자기 마음을 바꾸는 걸 좋아하지 않는다. 그들에게 억지로 강요해서 우리 생각대로 움직이게 할 수 없다. 하지만 우리가 그 어느 때보다 친절하고 그 어느 때보다 다정하게 대하면 아마 우리 생각대로 따라줄 것이다.

사실 링컨이 100여 년 전에 그런 말을 했다. 다음은 링컨의 말이다.

"쓴 쓸개즙 한 바가지보다 달콤한 꿀 한 방울로 더 많은 파리를 잡을 수 있다'는 옛말은 참다운 격언이다. 그러므로 사람을 대할 때 그 사람이 내 뜻을 따르기를 원한다면 먼저 내가 그의 진실한 친구임을 확신시켜라. 그것이 상대의 마음을 사로잡는 한 방울의 꿀이며, 상대의 이성에 닿을 수 있는 최선의 방법이다."

기업의 임원들은 파업을 벌이는 직원들에게 친절히 대하는 게 도움 된다는 걸 알고 있다. 예를 들어 화이트 모터 컴퍼니의 공장 직원 2,500명이 임금 인상과 노조 조직 강제조항 도입을 요구하며 파업을 벌였을 때, 당시 사장이었던 로버트 블랙은 직원들에게 화내거나 비난하거나 협박하지 않았고 독재 같다거나 공산주의자라고 말하지도 않았다. 실제로는 파업 노동자들을 칭찬했다. 클리블랜드 신문에 광고를 실어 '평화 시위'를 하는 노동자들을 칭찬했다. 파업 노동자들이 쉬고 있자 블랙은 20여 개의 야구 방망이와 글러브를 사주었고, 회사 공터에서 야구를 하게 해주었다. 볼링을 좋아하는 직원들을 위해서는 볼링장을 빌려주었다.

블랙 사장이 친절을 베풀자 항상 그렇듯 친절은 친절을 불러왔다. 파업 노동자들은 빗자루와 삽, 쓰레기 운반 수레를 빌려 공장 주위에 떨어진 성냥, 종이, 담배꽁초를 주웠다. 상상해보라! 임금 인상과 노조 인정을 요구하며 투쟁 중인 노동자들이 공장 주위를 정리하는 모습을 말이다. 미국 노동 쟁의의 길고 격렬한 역사 속에서 유례를 찾을 수 없는 일이었다. 화이트 모터 컴퍼니의 파업은 별다른 나쁜 감정이

나 원한을 남기지 않고 일주일 안에 타협을 하고 마무리되었다.

신과 같은 외모에 여호와처럼 말하는 대니얼 웹스터는 성공한 변호사이다. 그는 강력한 논쟁을 펼칠 때면 다음과 같은 친절한 말들로 변론을 시작한다.

"배심원님들께서 고려하실 사항입니다."

"이 부분은 생각해볼 가치가 있을 것입니다."

"이는 배심원님들께서 놓치지 않으시리라 믿는 몇 가지 사실입니다."

"여러분께서 인간 본성을 생각하시면 이 사실의 중요성을 쉽게 아실 수 있을 겁니다."

밀어붙이거나 강한 압박을 주는 표현은 사용하지 않는다. 다른 사람에게 자기 의견을 강요하려는 시도도 하지 않는다. 웹스터는 부드럽고 조용하면서도 친근하게 말하는 방식으로 접근했고, 그 덕분에 유명한 변호사가 되었다.

살면서 파업을 수습하거나 배심원단 앞에서 연설할 일은 절대 없을지 모른다. 하지만 월세를 낮춰달라고 부탁할 일이 생길 수는 있다. 그럴 때도 부드럽게 이야기하며 접근하는 방식이 도움이 될까? 한번 살펴보자.

엔지니어로 일하는 스트라우브는 월세를 줄이고 싶었다. 하지만 그는 집주인이 냉정한 사람임을 알고 있었다. 스트라우브는 수업 시간에 이렇게 이야기했다.

저는 집주인에게 편지를 썼습니다. 월세 계약이 끝나자마자 아파트를 비우겠다고요. 사실 저는 이사하고 싶지 않았습니다 월세를 깎을 수 있다면 계속 머물고 싶었죠. 하지만 상황은 희망이 없어 보였습니다. 다른 세입자들도 시도해 보았지만 실패했으니까요. 다들 저에게 집주인은 정말 대하기 어려운 사람이라고 입을 모아 말했습니다. 하지만 저는 생각했습니다.

'나는 사람을 대하는 법을 배우고 있어. 그러니 한번 시도해 볼 거야. 어떻게 되나 봐야지.'

집주인과 비서가 편지를 받자마자 저를 만나러 왔습니다. 저는 문 앞에서 친절하게 인사하며 맞이했지요. 제 마음은 정말 선의와 열정으로 가득했습니다. 월세가 높다는 이야기로 대화를 시작하지 않았어요. 그 대신 제가 이 아파트를 얼마나 좋아하는지부터 이야기했습니다. 정말 진심으로 인정하고 칭찬을 아끼지 않았지요. 집주인이 아파트 건물을 관리하는 방식을 칭찬하며 이 아파트가 정말 좋아서 1년 더 살고 싶지만 그럴 형편이 안 된다고 말했습니다.

집주인은 세입자로부터 그런 이야기는 들어본 적이 없는 게 분명했습니다. 어찌할 바를 몰라 하더군요.

그러더니 집주인은 자기 문제를 제게 이야기하기 시작했습니다. 세입자들에 대한 불만이었죠. 어느 세입자는 편지를 14통이나 보냈는데, 그중에는 상당히 모욕적인 내용도 있었다고 합니다. 또 어느 세입자는 위층에 사는 남자가 코를 골지 못하게 하지 않으면 임대 계약을 파기하겠다고 으름장을 놓았다고 합니다. 집주인은 "스트라우브 씨처럼 아파트에 만족스러워하는 세입자가 있다니 다행입니다"라고 말하더니 제가 부탁하지도 않았는데 월세를 조금 깎아주겠다고 제안했습니다. 저는 그보다 더 낮은 가격을 원했으므로 제가 감당할 수 있는 수준의 금액을 말했습니다. 그랬더니 두말하지 않고 받아주었습니다.

우리 집을 나서면서 집주인은 저를 돌아보며 물었습니다.

"실내장식은 어떻게 할까요?"

다른 세입자들이 했던 식으로 월세를 깎으려 했다면 저도 분명 실패했을 겁니다. 따뜻한 마음으로 공감을 나누면서 칭찬하는 방식으로 접근해 성공할 수 있었던 거죠.

뉴햄프셔주 리틀턴에 사는 제럴드 윈은 '상대를 친절하게 대하는 접근법'을 이용해 손해배상청구 건을 매우 만족스럽게 해결할 수 있었다. 사연은 이랬다.

초봄 무렵 겨울에 언 땅이 아직 다 녹기 전에 평소와 달리 엄청난 비가 내렸습니다. 그래서 보통 근처 도랑이나 길을 따라 나 있는 빗물 배수관으로 흘러 들어갔을 물이 물길을 틀어 제가 새로 지은 집 쪽으로 흘러왔습니다.

더 흘러들 데가 없어지자 집 토대 주위에서 수압이 높아졌습니다. 콘크리트로 작업한 지하실 밑에서도 수압이 가해졌고 바닥이 터지면서 지하실이 물로 가득 찼습니다. 이로 말미암아 보일러와 온수기가 망가졌어요. 수리비가 2,000달러가 넘게 나왔습니다. 이런 손해를 대비한 보험도 들어 놓지 않았어요.

하지만 저는 곧 이 구역을 관리하는 업자가 이런 문제를 방지할 수 있었을 빗물 배수관을 우리 집 근처에 설치하는 작업을 게을리했다는 걸 알았고, 그 사람을 만날 약속을 잡았습니다. 관리업자의 사무실까지 40킬로미터 정도 운전해 가는 동안 현 상황을 주의 깊게 들여다보고, 수업 시간에 배웠던 원칙들도 떠올렸습니다. 그리고 화를 내는 건 이 사람을 만나려는 목적에 전혀 부합하지 않는 일이라고 생각했습니다. 그래서 사무실에 도착했을 때 아주 차분하게 최근 이 관리업자가 서인도제도로 다녀온 휴가에 관한 이야기부터 꺼냈습니다. 그러고 나서 적당한 때를 보아 수해 때문에 '작은' 문제가 있다고 이야기했습니다. 그랬더니 관리업자는 문제를 해결하기 위해 자신의 몫을 다하겠다고 바로 동의했습니다.

며칠 뒤 관리업자가 전화를 걸어 손해에 관한 비용을 지불할 것이며, 앞으로 이런 일이 다시 발생하지 않도록 빗물 배수관도 설치하겠다고 알려왔습니다.

비록 관리업자의 잘못으로 일어난 일이라 해도 제가 우호적으로 다가가지 않았다면 관리업자에게 전적인 책임을 물리기는 아주 어려웠을 것입니다.

맨발로 숲을 지나 미주리주 북서쪽 밖에 있는 시골 학교를 다니던 어린 시절, 나는 해와 바람에 관한 우화를 읽었다. 해와 바람은 누가 더 강한가를 두고 싸움을 벌였고, 바람은 이렇게 말했다.

"내가 더 강하다는 걸 증명해 보이지. 저 아래 외투를 입은 나이 든 남자가 보이지? 너보다 내가 더 빨리 저 남자의 외투를 벗길 수 있다고 장담하지."

그래서 해는 구름 뒤로 숨었고 바람은 회오리를 일으킬 기세로 입김을 불어댔다. 하지만 바람이 세게 불면 불수록 남자는 옷깃을 더욱 단단히 여몄다.

마침내 힘이 빠진 바람이 외투 벗기기를 포기하자 해가 구름 뒤에서 나와 나이 든 남자를 향해 친절한 미소를 지었다. 남자는 곧 이마의 땀을 훔치더니 외투를 벗었다. 그러자 해는 바람에게 부드러움과 다정함은 언제나 분노와 강압보다 더 강하다고 말했다.

쓴 쓸개즙 한 바가지보다 달콤한 꿀 한 방울로 더 많은 파리를 잡을 수 있다는 교훈을 배운 사람들이 날마다 부드럽고 다정하게 상황에 접근할 때 얻는 효과를 증명하고 있다.

이솝은 크로이소스 왕의 궁전에 살던 그리스인 노예로, 예수가 태어나기 600년 전에 영원히 남을 우화를 지었다. 이솝의 이야기에서 가르쳐주는 인간의 본성은 2600년 전의 아테네에서나 현재의 보스턴과 버밍엄에서나 동일하다. 바람보다는 해가 더 빨리 우리의 외투를 벗긴다. 마찬가지로 세상 사람들처럼 소리치고 화내는 것보다는 친절하고 다정한 눈으로 상황을 바라보고 상대를 칭찬하는 편이 사람의 마음을 돌리기 쉽다.

이 말을 기억하라.

'쓴 쓸개즙 한 바가지보다 달콤한 꿀 한 방울로 더 많은 파리를 잡을 수 있다.'

원칙 4

상냥하게 다가가며 이야기를 시작하라.

5

소크라테스의 비결

사람들과 이야기할 때 그들과 의견이 다른 문제부터 논의하지 말라. 상대의 의견에 동의하는 내용을 강조하면서 대화를 시작하고, 말하는 중에도 그 점을 계속 부각하라. 가능한 한 서로가 같은 목표를 향해 노력하고 있다는 점, 서로다른 점이 있다면 그건 목표가 아니라 방법일 뿐이라는 점을 계속 강조하라.

대화의 도입부에 상대방이 "예, 예"라고 대답하게 하고, 가능한 한 "아니오"라고 말하지 못하게 하라. 오버스트리트 교수에 따르면 '아니오'라는 반응은 가장 극복하기 어려운 장애 요인이다. "아니오"라고 말하고 나면 자존심 때문에 그 의견을 굽히지 않으려 애쓴다. 나중에 '아니오'라는 대답이 경솔했다고 느낄지라도 소중한 자존심을 지키려 드는 게 사람 마음이라, 일단 한마디 뱉고 나면 그 말을 꼭 지켜야 할 것 같다는 생각이 드는 거다. 그래서 긍정적인 말로 대화를 시작하는 것이 매우 중요하다.

말솜씨가 좋은 사람은 대화 초반에 '예'라는 대답을 많이 이끌어낸다. 그러면 듣는 사람의 심리가 긍정적인 방향으로 움직인다. 그건 마치 당구공의 움직임과 같다. 당구공을 한 방향으로 쳐보라. 한 방향으로 굴러가는 당구공의 방향을 바꾸려면 힘이 들고, 반대 방향으로 완전히 돌리려면 훨씬 더 큰 힘이 필요하다.

여기에 작동하는 심리적 패턴은 아주 분명하다. 누군가 진심으로 "아니오"라고 말했다면 그 말속에는 한마디 말보다 훨씬 많은 행위가 담겨 있다. 분비선, 신경계, 근육을 포함한 신체 기관 전체가 함께 거부 태세에 돌입한다. 대개 경미하지만 때로는 관찰 가능한 수준으로 신체적 거부 반응을 보이거나 그럴 조짐이 보인다. 즉, 전체 신경근 체제가 받아들이는 걸 거부하는 상태가 된다. 반대로 누군가 "예"라고 말하면 이러한 거부 반응은 전혀 나타나지 않는다. 우리 몸은 전향적·수용적·개방적인 상태가 된다. 그러므로 초반에 '예'라는 대답을 더 많이 받을수록 궁극적으로 제안하려는 사항이 상대방의 관심을 얻을 가능성이 커진다.

'예'라는 반응을 얻는 대화 기법은 매우 간단하다. 그럼에도 사람들이 얼마나 이를 놓치는지! 사람들은 마치 대화 초반에 상대의 적대감을 불러일으킴으로써 자기 존재의 중요성을 얻으려는 것처럼 보인다. 학생이나 고객, 아이, 남편, 아내와 대화 초반에 "아니오"라고 말하게 한 경우, 그런 강력한 부정을 긍정으로 바꾸려면 천사의 지혜와 인내심이 필요하다.

뉴욕시 그리니치 세이빙즈 은행 창구에서 일했던 제임스 에버슨은 이러한 '예, 예' 기법을 사용한 덕분에 하마터면 잃을 뻔했던 잠재 고객 한 명을 확보할 수 있었다.

에버슨은 다음과 같이 말했다.

한 남성분이 계좌를 개설하러 왔습니다. 그래서 저는 계좌 개설에 필요한 일반적인 양식을 건네며 기입해달라고 요청했습니다. 그분은 어떤 질문에는 기꺼이 대답했지만, 어떤 항목에는 단호하게 대답을 거부했어요.

인간관계 수업을 듣기 전에는, 은행에 개인정보 제공을 거절하는 고객에게는 개인정보를 제출하지 않으면 계좌를 개설할 수 없다고 잘라 말했습니다. 과거에 그런 식으로 말했던 게 부끄럽습니다. 그렇게 말하고 나면 물론 기분은 좋았습니다. 이 상황에서 누가 위에 있는 사람인지 보여줄 수 있고, 은행의 규칙과 규정은 무시할 수 없다는 걸 알려주는 셈이니까요. 하지만 그래서는 고객이 되려고 우리 은행을 찾아준 손님께 환영받는다는 기분이나 중요하게 받아들여지는 사람이라는 느낌은 줄 수 없었지요.

그래서 그날 아침 저는 상식을 조금 발휘해보기로 했습니다. 은행이 무엇을 원하는지 말하지 않고 고객이 원하는 바에 관해 말하기로 했습니다. 그리고 무엇보다 대화를 시작할 때부터 손님이 "예, 예"라고 말하게 하기로 단단히 마음먹었습니다. 그래서 그분의 생각에 동의하며 그분이 제공을 거부한 개인정보가 꼭 필요한 건 아니라고 말했지요.

"그렇기는 하지만, 만일 고객님이 사망하셨을 때 이 은행에 잔고가 있다면 은행에서 법에 따라 그 돈을 받아야 할 고객님의 가까운 친척분께 돈을 이체하길 바라시나요?"

"네, 당연히 그러면 좋겠지요."

그분이 대답했습니다. 그래서 계속 이야기했습니다.

"그렇다면 저희에게 가까운 친척분의 성함을 알려주시는 게 좋지 않을까요? 고객님이 사망할 경우 저희가 실수나 지체 없이 고객님의 지급 요청을 들어드릴 수 있도록 말이죠."

그분이 다시 대답했습니다.

"네, 그렇게 하겠습니다."

은행에서 개인정보를 요구하는 이유가 은행을 위해서가 아니라 자신을 위해서라는 걸 알고 나자 젊은 남성 고객의 태도가 부드럽게 바뀌었습니다. 은행을 떠나기 전 그분은 제게 자신에 관한 개인정보를 전부 제공했을 뿐 아니라 제가 권유한 바에 따라 신탁 계좌도 개설했고 수혜자로 어머니를 지정했습니다. 그리고 어머니와 관련된 모든 질문에도 기꺼이 답해주었습니다.

대화를 시작할 때부터 그분에게 "예, 예"라고 답하게 했더니 문제가 되었던 부분을 잊고 제가 권유하는 내용을 전부 기꺼이 따라준 것입니다.

'아테네의 잔소리꾼'인 소크라테스는 세상에서 가장 위대한 철학자였다. 소크라테스는 역사를 통틀어 손에 꼽을 정도의 사람만이 할 수 있었던 일을 해냈다. 인간의 사고방식 자체를 크게 바꾸어놓은 것이다. 그리고 소크라테스가 죽은 지 24세기가 지난 지금 그는 논쟁으로 가득한 이 세상에 영향을 끼친 가장 현명한 설득가로 존경받고 있다.

소크라테스는 어떤 방법을 썼을까? 사람들에게 당신은 잘못된 생각을 하고 있다고 말했을까? 오, 그건 아니다. 소크라테스는 그런 방법을 쓰지 않았다. 그러기에 소크라테스는 너무 노련한 사람이었다. 오늘날 '소크라테스식 문답법'이라고 불리는 그의 설득 기법은 '예, 예'라는 대답을 유도하는 것을 바탕으로 삼는다. 소크라테스는 자신과 의견이 다른 상대방도 동의할 수밖에 없는 질문을 던졌다. 그러고는 하나씩, 하나씩 상대방이 내용을 인정하도록 만들었다. 그러다 상대방이 마침내, 미처 깨닫지도 못한 사이에 불과 몇 분 전까지 격렬하게 부정하던 결론을 인정하게 될 때까지 계속 질문을 던졌다.

다음번에 누군가의 생각이 틀렸다고 말하고 싶어지면 소크라테스가 썼던 옛 방법을 기억하고 부드럽게 질문을 던지자. 상대방이 "예, 예"라고 대답할 질문을 해야 한다.

중국에는 동양의 옛 지혜가 담긴 속담이 있다.

'천천히 걷는 사람이 멀리 간다.'

중국인들은 5000년 동안 인간의 본성을 공부했다. 이를 바탕으로 중국 문화가 세워졌고, 중국인들은 많은 통찰력을 얻었다.

천천히 걷는 사람이 멀리 간다.

원칙 5

상대방이 즉시 "예, 예"라고 대답하게 하라.

불만을 제어하는
안전밸브

    상대방을 설득하려 하면서 말을 너무 많이 하는 사람이 많다. 하지만 설득하려는 상대가 말을 해야 한다. 그들이 우리보다 자기가 하는 일이나 마주한 문제에 관해 더 많이 안다. 그러니 상대에게 질문을 던지고, 몇 마디라도 그들이 말하게 하라.

    그들과 의견이 다르다면 이야기 중간에 끼어들고 싶다는 생각이 들 것이다. 하지만 그래서는 안 된다. 위험한 짓이다. 여전히 할 말이 많은 그들은 우리가 하는 말에는 주의를 기울이지 않을 것이다. 그러니 마음을 열고 끈기 있게 상대의 이야기를 들어라. 진심으로 귀를 기울여라. 상대가 충분히 이야기할 수 있는 분위기를 만들어주라.

바버라 윌슨은 딸 로리와의 관계가 점점 나빠지고 있었다. 로리는 조용하지만 상냥한 딸이었는데 점점 비협조적이고 때로는 도전적인 10대로 자라났다. 엄마 윌슨은 딸을 가르쳐도 보고, 벌을 주기도 했지만 아무 소용이 없었다.

어느 날 저는 그냥 포기하고 말았습니다. 로리는 제게 반항하고 해야 할 집안일을 마치지 않은 채 친구 집으로 가버렸지요. 딸이 돌아왔을 때 저는 수천 번째 소리를 지르려던 참이었는데 그럴 힘이 없었습니다. 그래서 그냥 딸을 보고 슬프게 말했습니다.

"로리야, 왜, 도대체 왜 그러니?"

로리가 제 상태를 눈치채고 조용한 목소리로 물었습니다.

"정말 알고 싶으세요?"

저는 고개를 끄덕였고 로리가 입을 열었습니다. 처음에는 망설이는 듯하더니 이내 술술 털어놓았어요. 저는 한 번도 로리의 이야기에 귀를 기울인 적이 없었습니다. 항상 이것 해라, 저것 해라 시킬 뿐이었죠. 로리가 자신의 생각, 감정,

느낌을 말하려 할 때면 저는 더 많은 일을 시키며 가로막았어요. 저는 로리가 저를 필요로 했다는 걸 깨달았습니다. 로리에게는 자신을 쥐고 흔드는 엄마가 아니라 마음속 이야기를 털어놓을 수 있는 절친한 친구 같은 엄마, 성장 과정에서 느끼는 혼란을 모두 나눌 수 있는 그런 엄마가 필요했던 것입니다. 하지만 로리의 이야기에 귀를 기울여야 했을 때 저는 제 이야기만 하고 있었어요. 결코 로리의 이야기를 들어주지 않았지요.

그때 이후로 저는 로리가 원하는 대로 전부 이야기할 수 있게 해주었습니다. 로리는 제게 마음속 이야기를 들려주었고, 저희 모녀의 관계는 정말 좋아졌지요. 로리는 다시 제게 협조적인 딸이 되었어요.

캘리포니아주 새크라멘토에 사는 로이 브래들리는 자신의 회사에 찾아온 구직자와 면담했다. 브래들리는 좋은 인상을 주고자 구직자가 얘기할 때 온전히 귀를 기울였다. 브래들리는 그 일에 대해 이렇게 말했다.

작은 중개 회사이다 보니 우리 회사에는 입원비나 의료 보험, 연금 지원 등의 복지 혜택이 없었습니다. 각 담당자는 독립적인 에이전트로 일합니다. 계약 가능성이 있는 거래처를 소개해주지도 못합니다. 규모가 큰 경쟁 회사에서 하는 것처럼 광고를 낼 수도 없으니까요.

리처드 프라이어는 우리가 원하는 경력을 가지고 있었습니다. 우리 직원이 먼저 그를 만났고 입사 시 단점들을 다 말해줬습니다. 제 사무실에 들어올 때 보니 그는 다소 의욕이 꺾인 듯 보였어요. 저는 우리 회사에서 일하면 좋은 점 한 가지를 말해줬습니다. 독립계약자로 일하기 때문에 사실상 자기 사업을 하는 것과 같다는 점이었죠.

이런 이야기를 하는 동안 프라이어는 면접을 보러 들어오면서 가졌던 부정적인 생각을 하나씩 되뇌고 있었습니다. 그런 생각을 하나씩 나열하면서 마치 반쯤은 혼잣말을 하듯 면접에 임했습니다. 이야기를 할수록 그는 우리 회사에서 일해도 괜찮겠다는 확신을 갖는 듯했습니다.

저는 이야기를 잘 들어주었고 이야기는 대부분 프라이어가 했기 때문에 그는 마음속으로 이 일의 장점과 단점을 비교할 수 있었습니다. 그리고 프라이어는 이 일을 하겠다는 결론을 내렸죠. 프라이어는 스스로 이 일에 도전하기로 한 것이었습니다. 우리는 프라이어를 채용했고, 그는 우리 회사에서 뛰어난 성과를 내는 직원이 되었습니다.

심지어 친구조차 우리가 해낸 일을 자랑하는 걸 들어주기보다 자기가 해낸 일을 이야기하곤 한다. 프랑스의 철학자라 로슈푸코는 이렇게 말했다.

"적을 만들기 원하면 친구를 넘어서라. 하지만 친구를 원한다면 그가 나를 넘어서게 하라."

왜 이 말이 맞는 말일까? 친구가 우리를 넘어설 때 그들은 자기 존재의 중요성을 느끼기 때문이다. 하지만 우리가 친구를 넘어서면 그들은(아니 적어도 일부 사람은) 열등감을 느끼고 질투한다.

뉴욕시 미드타운의 직업소개소에서 사람들이 가장 좋아하는 일자리 알선 담당자는 헨리에타였다. 하지만 늘 그런 건 아니었다. 직업소개소에 와서 처음 몇 달 동안 헨리에타는 친하게 지내는 동료가 아무도 없었다. 왜 그랬을까? 그는 매일 자기가 어떤 일을 알선했는지, 어떤 고객을 새로 유치했는지 등 자신이 이룬 건 그게 무엇이든 자랑을 해댔기 때문이다.

우리 수업에 참여한 헨리에타가 말했다.

저는 일을 잘했고, 그게 자랑스러웠어요. 하지만 동료들은 제가 이룬 성과를 함께 기뻐해주는 게 아니라 분해하는 것 같았지요. 저는 이런 사람들과 잘 지내고 싶었습니다. 정말 친구가 되고 싶었어요.

이 수업에서 몇 가지 내용을 배운 후 저는 말을 줄이고 동료들의 이야기에 귀를 기울였습니다. 동료들에게도 뽐낼 일들이 있었고, 제가 이룬 성과에 관한 이야기를 듣는 것보다 자신이 이룬 성과를 이야기할 때 더 신나 했어요. 이제 이야기할 시간이 나면 저는 동료들에게 좋은 일이 없는지 물어봅니다. 그리고 상대가 먼저 물어볼 때만 제가 이룬 성과를 이야기합니다.

원칙 6

상대방이 많은 이야기를 하게 하라.

7

협조를 구하는 방법

우리는 남들에게 전해 들은 생각보다 스스로 떠올린 생각을 훨씬 신뢰하지 않던가? 그렇다면 내 의견을 남에게 억지로 강요하려는 건 잘못된 판단이지 않을까? 내 생각을 강요하기보다는 제안을 하는 편이, 그래서 결론은 상대방이 내리도록 하는 것이 더 현명한 방법 아닐까?

"이걸 사라", "저걸 하라" 하는 등의 강요를 좋아하는 사람은 없다. 사람들은 자신의 의지에 따라 물건을 사거나 혹은 자기 생각으로 움직인다는 느낌을 훨씬 더 좋아한다. 그리고 자신의 바람, 욕구, 생각에 대해 누군가 물어봐주는 걸 좋아한다.

유진 웨슨의 예를 보자. 웨슨은 이 사실을 배우기 전까지 수천 달러의 주문을 놓쳤다. 그는 스타일리스트와 직물 제조업자를 위한 디자인을 만드는 스튜디오에 스케치를 팔았다. 웨슨은 3년 동안 매주 한 번씩 뉴욕의 어느 유명 스타일리스트를 찾아갔다.

"그분은 제가 만나자고 하면 거절하는 법이 없었어요. 하지만 절대 스케치를 사주시지도 않았죠. 언제나 제 스케치를 아주 유심히 살피고는 말했습니다. '웨슨 씨, 오늘 스케치는 살 수 없겠어요'라고요."

150번의 실패 끝에 웨슨은 자신의 발상이 틀에 박혀 있다는 걸 깨달았다. 그는 새로운 아이디어와 열정이 샘솟을 수 있도록 일주일에 하루는 저녁 시간을 이용해 사람의 행동에 영향을 미치는 요인에 관해 공부하기로 했다.

웨슨은 새로운 접근법을 시도해보기로 하고 미완성 스케치 몇 점을 들고 서둘러 고객의 사무실로 가서 말했다.

"괜찮으시면 저를 좀 도와주세요. 여기 아직 완성하지 못한 스케치가 좀 있어요. 제가 어떻게 마무리하면 이 스케치를 사용하실지 알려주시겠습니까?"

고객은 잠시 아무 말도 하지 않고 스케치를 살펴본 뒤 이윽고 입을 열었다.

"웨슨 씨, 이 스케치를 며칠 동안 제게 맡겨주세요. 그리고 다시 저를 보러 오시죠."

사흘 뒤 웨슨은 다시 고객을 찾아가 조언을 들었고 스튜디오로 돌아와 고객의 의견을 반영해 스케치를 마무리했다.

결과는 어땠을까? 스케치는 전부 팔렸다.

그때 이후로 그 고객은 웨슨에게서 다른 스케치도 많이 구매했다. 전부 고객의 의견을 반영해서 그린 작품이었다.

"저는 몇 년 동안이나 그 고객에게 스케치를 팔 수 없었던 이유를 깨달았습니다. 저는 그 고객이 사야 한다고 저 스스로 규정했던 스케치를 팔려고 했던 것입니다. 그러다 접근법을 완전히 바꾸었죠. 고객에게 의견을 들려달라고 부탁했어요. 그랬더니 고객은 자신이 디자인을 만든다는 느낌을 받았습니다. 사실 그런 거였죠. 그래서 저는 스케치를 팔려고 노력할 필요가 없었어요. 그가 샀으니까요."

랠프 왈도 에머슨은 에세이집 《자기신뢰(Self-Reliance)》에서 이렇게 썼다.

'천재의 모든 작품에서 우리는 스스로 거부했던 자기 생

각을 인식한다. 그것들은 소외당했던 위엄을 갖추고 우리에게 돌아온다.'

에드워드 하우스 대령은 우드로 윌슨 대통령의 재직 당시 미국 국내 및 국제 문제에 엄청난 영향력을 발휘했다. 윌슨 대통령은 다른 각료들보다 하우스 대령에게 기밀 상담을 더 많이 했고, 조언을 구했다.

하우스 대령은 어떤 방법으로 대통령에게 영향을 주었을까? 다행히 우리는 그 답을 알 수 있다. 하우스 대령 자신이 아서 하우든 스미스에게 그 이야기를 털어놓았고, 스미스가 〈새터데이 이브닝 포스트〉의 기사에 그 이야기를 인용했기 때문이다.

하우스 대령이 말했다.

"대통령을 알게 된 후 그의 생각을 바꾸는 최고의 방법은 어떤 생각을 그의 마음속에 가볍게, 하지만 관심을 기울이도록 심어두는 것임을 깨달았습니다. 스스로 그 부분에 관해 생각해보실 수 있도록 말이죠. 처음에는 우연히 그런 일이 있었습니다. 저는 백악관에 가서 대통령께서 탐탁지 않아 하시는 정책을 권했습니다. 그런데 며칠 후 저녁 식사 자리에서 대통령께서 제가 말씀드렸던 정책 제안을 본인의 생각인 듯 이야기를 꺼내셔서 깜짝 놀랐지요."

하우스 대령이 대통령의 이야기에 끼어들어 "그건 대통령님의 생각이 아니시잖아요. 제가 제안한 내용이에요"라고 말했을까? 절대 그럴 리 없다. 하우스 대령은 그렇게 대응하지 않았다.

하우스 대령은 아주 노련한 사람이었다. 하우스 대령은 정책이 누구의 공이 되든 신경 쓰지 않았다. 다만 결과를 원했을 뿐이다. 그래서 윌슨 대통령이 그 의견이 자기 것이라고 계속 생각하게 두었다. 그리고 거기서 한 발짝 더 나아갔다. 정책에 대한 대중의 칭찬도 전부 윌슨 대통령에게 돌린 것이다.

우리가 만나는 사람은 누구나 윌슨 대통령처럼 인간적이라는 점을 기억하자. 그리고 하우스 대령이 썼던 방법을 활용하자.

아름다운 캐나다 뉴브런즈윅주에 사는 어느 남성이 내게 이 방법을 써서 나와의 거래를 성사시켰다. 당시 나는 뉴브런즈윅주에서 낚시를 하고 카누를 탈 생각이었다. 그래서 관광청에 여행 정보를 요청하는 편지를 보냈다. 아무래도 내 이름과 주소가 우편물 요청 목록에 오른 게 분명했다. 금세 각종 캠프장과 여행 안내소에서 보낸 편지와 여행 책자, 추천의 글을 수십 통 받았기 때문이다. 나는 혼란스러웠고 어느 곳을 선택해야 할지 몰랐다.

그런데 한 캠프장의 주인이 내게 영리하게 접근했다. 자신의 캠프장에 묵었던 뉴욕 사람 몇 명의 이름과 전화번호를 보내면서 자신이 어떤 편의를 제공하면 될지 내가 스스로 일이보도록 해준 것이다.

놀랍게도 그 명단에는 내가 아는 사람이 한 명 있었다. 그래서 그에게 전화를 걸어 캠프장이 어땠는지 알아본 뒤 캠프장 주인에게 내가 도착할 날짜를 알리는 전보를 쳤다.

다른 사람들은 내게 자신의 서비스를 팔려고 했지만, 이 캠프장의 주인은 내가 스스로 서비스를 구매하게 했다. 그 방식이 통했다.

중국의 현인 노자는 2500년 전에 이 책의 독자들이 지금도 명심해야 할 내용을 이야기했다.

'강과 바다가 모든 골짜기의 왕이 될 수 있는 까닭은 스스로를 낮추기 때문이다. 그리하여 백곡(百谷)의 왕이 될 수 있다. 그러니 백성의 위에 서려는 자는 반드시 말로써 자신을 낮추어야 하고, 백성을 앞서려는 자는 반드시 몸으로써 뒤에 서야 한다. 그래야 백성 위에 서 있어도 사람들이 무게를 느끼지 아니하고, 백성 앞에 있어도 사람들이 해롭다 여기지 않는다.'

원칙 7

상대방이 그 의견을 자신의 것으로 여기게 하라.

경이로운 효과를
끌어내는 방법

다른 사람의 생각이 완전히 틀릴 수 있다는 걸 기억하자. 그렇다고 그들을 비난하지 말라. 비난은 바보라도 할 수 있다. 그 대신 그들을 이해하려 노력하라. 현명하고 참을성 있는 사람만이 그런 노력을 기울일 수 있다.

상대방이 그렇게 생각하고 행동하는 데는 이유가 있다. 그 이유를 찾아내라. 그러면 상대의 행동, 어쩌면 성격까지 이해할 열쇠를 얻을 수 있다.

'내가 상대라면 어떻게 느끼고, 어떻게 반응했을까?'라고 자문해보면 짜증도 나지 않는다. '원인에 관심을 가지게 되면 결과도 싫어지지 않는 법'이기 때문이다. 게다가 인간관계의 기술도 크게 좋아진다.

케네스 구드는 그의 책 《황금처럼 귀한 사람 만드는 법 (How to Turn People Into Gold)》에서 이렇게 말했다.

'잠깐 멈추고 자기 일을 향한 열렬한 관심과 그 외의 일을 향한 그저 그런 반응을 비교해보라. 그러고 나서 세상 모든 사람이 똑같이 그런 방식으로 느낀다는 점을 떠올려보라! 그러면 링컨과 루스벨트처럼 인간관계의 탄탄한 기반을 쌓게 될 것이다. 다시 말하면 성공적인 인간관계는 다른 사람의 관점에 공감할 수 있느냐에 달렸다.'

제럴드 니렌버그 협상 전문가는 자신의 책 《사람 사귀는 법(Getting Through to People)》에서 이렇게 말했다.

'대화를 나눌 때 상대방의 생각과 감정을 내 것처럼 중요하게 여기는 모습을 보여야 사람들의 협력을 얻을 수 있다. 대화의 목적이나 방향을 알려주면서 대화를 시작하고, 내가 듣는 사람이라면 듣고 싶은 말이 무엇일지를 생각하며 말하고, 상대방의 관점을 받아들이면서 말하면 듣는 사람도 우리가 하는 말에 마음을 연다.'

개인적인 문제가 너무 힘들다면 다른 사람의 눈으로 상황을 살피는 것도 스트레스를 완화하는 방법이다. 오스트레일리아 뉴사우스웨일스주에 사는 엘리자베스 노박은 자동차 할부금을 6주나 밀렸다. 노박이 말했다.

금요일에, 저를 담당하는 직원에게서 월요일 아침까지 122달러를 내지 않으면 회사에서 추가 조치를 하겠다고 알리는 난처한 전화가 걸려 왔어요. 주말 동안 돈을 마련할 방도가 없었기 때문에 전화를 받고 나서 월요일 아침을 생각하니 최악의 일부터 먼저 떠올랐습니다. 속상해하기 전에 저는 전화를 건 상대의 관점에서 상황을 바라보았습니다.
그리고 엄청난 불편을 끼쳐드려 정말 죄송하다고 진심으로 사과하고, 할부금 납부가 늦어진 게 이번이 처음이 아니므로 내가 골칫거리 고객임이 틀림없겠다고 말했습니다. 그랬더니 상대의 목소리가 즉시 바뀌었어요. 그리고 제가 자신의 진짜 골칫거리 고객과는 거리가 멀다며 안심시켜주었지요. 그러면서 때로 얼마나 무례한 고객이 있는지, 그리고 자기한테 거짓말을 하거나 자기와 대화를 완전히 피하려 하는 고객도 있다며 몇 가지 예를 들려주었습니다.
저는 아무 말도 하지 않았어요. 그 사람의 이야기를 들으며 그가 자신의 문제를 제게 쏟아내도록 두었어요. 그러고 나니 제가 아무런 부탁도 하지 않았는데 저한테 당장 할부금을 내지 않아도 문제 될 건 없다고 이야기해주었습니다. 월말까지 20달러만 내면 되고 나머지 금액은 제가 낼 수 있을 때 내면 된다고 말이지요.

내일 누군가에게 불을 끄라거나 제품을 사달라거나 좋아하는 자선단체에 기부해달라고 부탁하기 전에 잠시 멈춰 눈을 감고 상대의 관점에서 전체 상황을 바라보면 어떨까? 스스로 이렇게 물어보라.

'그 사람은 왜 이 일을 하기를 원할까?'

그렇다. 이렇게 하려면 시간이 걸린다. 하지만 적이 생기는 걸 피할 수 있고 마찰을 줄이고 노력을 아끼면서도 더 나은 결과를 얻게 된다.

하버드 경영대학원의 돈햄 학장은 이렇게 이야기했다.

"만나서 내가 무슨 말을 할지, 그리고 상대의 관심사와 동기에 관해 알고 있는 내용을 바탕으로 볼 때 상대가 어떤 대답을 할지 완벽하고 분명한 생각을 갖고 있지 않다면 사무실로 들어가는 것보다 차라리 약속 시각 두 시간 전에 사무실 앞 보도를 걸어 다니는 편이 낫다."

정말 중요한 말이므로 다시 한번 반복하여 강조한다.

만나서 내가 무슨 말을 할지, 그리고 상대의 관심사와
동기에 관해 알고 있는 내용을 바탕으로 볼 때 상대가
어떤 대답을 할지 완벽하고 분명한 생각을 갖고 있지
않다면 사무실로 들어가는 것보다 차라리 약속 시각
두 시간 전에 사무실 앞 보도를 걸어 다니는 편이 낫다.

이 책을 읽은 뒤 딱 한 가지 사실, 즉 항상 다른 사람의 관
점에서 생각하고, 내 입장뿐 아니라 다른 사람의 입장에서
도 상황을 확인해야 한다는 것. 이 책에서 이 사실 한 가지
만 얻었다면 이 내용이 경력의 디딤돌이 된다는 걸 쉽게 알
수 있을 것이다.

원칙 8
다른 사람의 관점에서 상황을 살필 수 있도록 정말 노력하라.

9

모든 사람이 원하는
공감

말싸움을 멈추게 하고, 나쁜 감정을 없애고, 선의를 만들며, 상대방이 주의 깊게 이야기에 귀 기울이게 하는 마법의 말이 있었으면, 하고 바라지 않는가?

그렇다고? 좋다. 다음이 바로 그런 마법의 말이다.

"그렇게 생각하시는 걸 조금도 탓하지 않습니다. 저였더라도 의심할 바 없이 그렇게 생각했을 테니까요."

이렇게 대답하면 세상에서 가장 성미 고약한 사람이라도 누그러질 수밖에 없다. 우리가 다른 이의 입장이 되면 당연히 그 사람과 똑같이 느낄 것이므로 이 말은 100% 진심을 담아 건넬 수 있다. 예컨대 알 카포네를 보자. 여러분이 알 카포네와 같은 몸과 기질, 마음을 가지고 있다고 해보자. 그리고 알 카포네와 같은 환경과 경험을 지녔다고 하자. 그러면 여러분은 알 카포네와 정확히 똑같은 사람이 되어 똑같은 장소에 있을 것이다. 그런 요인들이 알 카포네를 만들었기 때문이다. 우리가 방울뱀이 아닌 유일한 이유는 우리의 부모님이 방울뱀이 아니었기 때문인 것과 마찬가지다.

지금의 모습을 갖추는 데 여러분 스스로 한 일은 거의 없다. 그리고 우리를 짜증 나게 하고, 편견을 가지고 터무니없이 구는 사람들이 그렇게 된 데는 그럴 이유가 있었다는 걸 기억하라. 불쌍한 영혼을 가엾게 여겨라. 동정하고 공감하라. 스스로 이렇게 말하라.

'그들에게 주라. 그러면 그들이 너를 사랑할 것이다.'

한번은 방송에서《작은 아씨들(Little Women)》을 쓴 작가 루이자 메이 올콧의 이야기를 소개한 적이 있다. 당연히 나는 올콧이 매사추세츠주 콩코드에 살면서 불멸의 명작을 썼다는 걸 알고 있었다. 하지만 내가 무슨 말을 하는 건지 미처 깨닫기도 전에 나는 콩코드에 있는 작가의 옛집을 방문했다고 말하고 말았다. 뉴햄프셔주에 있다면서 말이다.

뉴햄프셔주에 있다는 이야기를 한 번만 했다면 괜찮았을 지 모른다. 하지만 아! 나는 두 번이나 이야기해버렸고, 신 랄하게 나를 비난하는 편지와 전보, 메시지가 마치 무방비 상태인 내 머리 주위를 맴도는 말벌 떼처럼 쇄도했다. 화를 내는 내용이 담긴 경우가 많았지만, 몇몇은 모욕적인 표현 도 서슴지 않았다.

매사추세츠주 콩코드에서 자라 당시 필라델피아에 살고 있던 미국 식민지 여성 협회 소속의 어느 부인은 내게 노여 움과 분통을 터뜨렸다. 내가 올콧 작가를 뉴기니아 출신의 식인종이라 불렀어도 그 부인이 그만큼 내게 화를 내지는 못했을 것이다. 편지를 읽으면서 나는 생각했다.

'신이시여, 감사합니다. 제가 그 여자랑 결혼한 게 아니라 서 다행이에요.'

그 부인에게 편지를 써서 정말 그렇게 말해주고 싶었다. 내가 지명을 잘못 말하는 실수를 저지르기는 했지만, 부인 은 상식적인 예의에 어긋나는 훨씬 더한 실수를 저질렀기 때문이다. 당신과 결혼하지 않아서 다행이라는 건 첫 문장 에 불과했다. 그리고 소매를 걷어붙이고 내가 정말 어떻게 생각하는지 쓸 참이었다. 하지만 나는 그렇게 하지 않고, 마음을 통제했다. 머리가 좋은 바보라면 누구나 그렇게 할 수 있다. 대부분의 바보도 그렇게 할 것이었다.

하지만 나는 바보가 되고 싶지는 않았다. 그래서 부인의 적개심을 호의로 바꾸자고 마음먹었다. 하나의 도전이자 일종의 게임이었다. 나는 생각했다.

'나도 그 입장이었다면 아마 부인과 똑같이 느꼈을 거야.'

그래서 부인의 관점에 공감해보기로 했다.

다음번에 일이 있어 필라델피아에 갔을 때 나는 부인에게 전화를 걸었다. 그리고 다음과 같은 대화가 이어졌다.

나 | ○○○ 부인, 몇 주 전에 제게 편지를 보내셨지요. 편지를 보내주셔서 감사하다는 말씀을 드리고 싶습니다.

부인 | (예리하면서도 세련되고 교육을 잘 받은 목소리로) 실례지만 전화를 주신 분은 누구실까요?

나 | 부인을 뵌 적은 없습니다만 저는 데일 카네기라고 합니다. 몇 주 전 일요일에 제가 루이자 메이 올콧 작가에 관해 방송한 내용을 들으셨을 겁니다. 그 방송에서 저는 올콧 작가가 뉴햄프셔주 콩코드에 산다고 말하는 용서받지 못할 실수를 저질렀습니다. 어리석은 실수였어요. 부인께 사과드

리고 싶습니다. 시간을 내 편지를 써주셔서 정말 감사했습니다.

부인 | 카네기 씨, 그런 편지를 보내서 죄송합니다. 제가 화를 내고 말았어요. 사과해야 할 사람은 저입니다.

나 | 아닙니다. 그렇지 않습니다! 사과해야 할 사람은 부인이 아니라 저입니다. 학교에 다니는 애들도 저보다는 잘 알았을 내용이었지요. 관련 내용은 그다음 주 일요일 방송을 통해 사과했지만 지금 부인께 개인적으로도 사과드리고 싶습니다.

부인 | 저는 매사추세츠주 콩코드에서 태어났어요. 저희 가족은 몇백 년 동안 그곳에 살았고, 저는 제 고향인 매사추세츠주를 몹시 자랑스럽게 생각한답니다. 그래서 카네기 씨가 올콧 작가님의 댁이 뉴햄프셔주에 있다고 하신 말씀을 듣고 몹시 기분이 상했습니다. 하지만 카네기 씨에게 보냈던 편지는 정말 부끄럽습니다.

나 | 제가 부인보다 분명 열 배는 마음이 아팠을 겁니다. 제 실수 때문에 매사추세츠주가 해를 입은 건 아니지만, 제 마음은 해를 입었습니다. 부인처럼 지위와 교양을 갖추신 분이 시간을 내 라디오에서 방송하는 사람에게 편지를 쓰는

건 매우 드문 일이지요. 그러니 다음에 제가 이야기하다 실수하는 걸 보시거든 또 편지를 보내주셨으면 좋겠습니다.

부인 | 아시겠지만 카네기 씨가 제 비판을 받아들이시는 방식이 정말 마음에 듭니다. 카네기 씨는 분명 정말 좋은 분일 거예요. 카네기 씨에 대해 더 많이 알고 싶어요.

이렇게 내가 사과하고 부인의 관점에 공감하려 했기 때문에 부인도 내게 사과하고 내 관점을 공감하려 했다. 그리고 나는 스스로 화를 통제했다는 점, 모욕에 친절로 답했다는 점에서 만족을 느꼈다. 나는 부인에게 밖에 나가 스퀼킬강에나 뛰어들라고 말하는 것보다 부인이 나를 좋아하게 만드는 데서 한없는 진짜 즐거움을 느꼈다.

미주리주 세인트루이스에서 피아노를 가르치는 조이스 노리스는 피아노 선생님과 10대 소녀 제자들 사이에서 흔히 일어나는 문제에 대처했던 방법을 이야기해주었다. 바베트는 손톱이 유난히 길었다. 긴 손톱은 올바른 피아노 연주 습관을 기르는 데 심각한 걸림돌이 된다.

노리스가 말했다.

바베트는 피아노를 잘 치고 싶어 했지만 긴 손톱이 방해될 거라는 걸 저는 알고 있었어요. 피아노 수업을 시작하기 전에 저는 바베트와 이야기를 나누었지만, 손톱 이야기는 일절 꺼내지 않았습니다. 그 때문에 수업을 받으려는 마음을 꺾고 싶지는 않았거든요. 바베트가 긴 손톱을 정말 자랑스러워하고 예쁘게 유지하려 엄청나게 손질하는 노력을 기울였기 때문에 그걸 깎고 싶어 하지 않을 것도 알고 있었지요.

첫 수업을 마친 후 적절한 기회를 보아 제가 말을 꺼냈습니다. "바베트, 넌 손이 참 예쁘구나. 손톱도 아주 멋져. 그런데 네 능력만큼 그리고 원하는 만큼 피아노를 치고 싶지 않니? 네가 손톱을 좀 짧게 정리하면 피아노를 얼마나 더 빠르고 쉽게 칠 수 있는지 아마 놀라게 될 거야. 그냥 한번 생각해봐, 알겠지?"

바베트를 보니 부정적인 마음이 분명 얼굴에 드러나 있었습니다. 바베트의 어머니께도 상황을 말씀드렸습니다. 이번에도 바베트의 손톱이 아주 예쁘다고 칭찬하면서 말이죠. 하지만 어머님의 반응도 부정적이었습니다. 아름답게 손질한 손톱이 바베트에게는 아주 중요한 게 분명했습니다.

그다음 주에 바베트가 두 번째 수업을 받으러 왔습니다. 정말 놀랍게도 손톱을 정리했더군요. 저는 바베트를 칭찬하고 피아노를 위한 큰 희생을 높이 사주었습니다. 그리고 바베트가 손톱을 자르도록 영향을 준 어머니께도 감사를 드렸습니다. 그랬더니 어머니께서 이렇게 말했습니다.

"아, 저는 아무것도 한 게 없답니다. 바베트가 스스로 결정한 일이에요. 그런데 바베트가 누군가를 위해 손톱을 자른 건 이번이 처음이랍니다."

노리스가 바베트를 위협했을까? 손톱이 긴 학생을 가르칠 수 없다며 수업을 거부하는 말을 했을까? 아니다, 그런 일은 없었다. 노리스는 바베트에게 손톱이 아주 예쁘다고 칭찬했고, 손톱을 자르는 건 피아노를 위한 희생이라고 말해주었다. 그런 말에는 이런 뜻이 담겨 있었다.

'네 마음에 공감해. 쉬운 일이 아니란 걸 알지만 네가 음악적으로 발전하는 데 도움이 될 거야.'

솔 휴록은 미국 최고의 공연기획자로, 거의 50년 동안 공연예술가들을 상대해왔다. 오페라 가수 샬리아핀, 현대무용가 이사도라 덩컨, 발레리나 파블로바처럼 세계적으로 유명한 예술가들이 휴록과 함께 일했다. 휴록이 까다로운 스타들을 대하면서 제일 먼저 터득한 관계의 비법은 그들의 남다른 성격을 이해하고, 공감 또 공감해주어야 한다는 것이었다.

휴록은 3년 동안 표도르 샬리아핀, 뉴욕 메트로폴리탄의 수준 높은 특별석 관객들을 황홀하게 만든 위대한 오페라 베이스 가수의 공연기획자로 일했다. 그런데 샬리아핀은 끊임없이 문제를 일으켰고, 버릇없는 아이처럼 굴었다. 휴록의 독특한 표현을 옮기자면 '그는 모든 면에서 끔찍한 놈'이었다.

예컨대 샬리아핀은 공연이 예정된 날 정오쯤 휴록에게 전화를 걸어 이렇게 말하곤 했다.

"휴록, 나 몸이 너무 안 좋아. 목이 마치 굽지 않은 햄버거 패티가 된 느낌이야. 오늘 밤에는 노래를 부를 수가 없어."

휴록이 그와 말싸움을 벌였을까? 절대 아니다. 휴록은 공연 사업을 하는 사람이라면 예술가를 그렇게 대해서는 안된다는 걸 알고 있었다. 그는 곧장 샬리아핀이 머무는 호텔로 달려가서 그의 상황에 넘치는 공감과 연민을 보여주곤 했다.

"저런, 안됐어."

휴록은 애통해했다.

"정말, 안됐어! 불쌍한 샬리아핀, 당연히 노래 같은 건 부르면 안 돼. 내가 바로 공연을 취소할게. 자기가 2,000달러 정도만 부담하면 된다고. 그래도 자기 명성에 비하면 그 정도 돈은 아무것도 아니잖아."

그러고 나면 샬리아핀은 한숨을 쉬며 말하고는 했다.

"그럼 이따가 다시 외줘. 5시쯤 와서 내 상태가 어떤지 확인해보자."

5시가 되면 휴록이 다시 호텔로 가서 샬리아핀의 상황에 공감하고 연민을 보여주었다. 다시 한번 휴록은 공연을 취소하겠다고 주장하고 샬리아핀은 한숨을 쉬며 말했다.

"나중에 다시 와봐. 그땐 내 상태가 좋아져 있을지 몰라."

그렇게 7시 반이 되면 위대한 베이스 가수는 노래를 부르겠다고 선포한다. 단, 휴록이 메트로폴리탄 무대에 올라 샬리아핀이 감기가 아주 심해 목소리 상태가 좋지 않다는 안내를 해야 한다는 조건이 붙어 있었다. 휴록은 거짓말로 그렇게 하겠다고 말했다. 위대한 베이스 가수를 무대에 세우려면 그 방법밖에 없음을 알고 있었기 때문이다.

아서 게이츠 박사는 그의 훌륭한 저서 《교육 심리학(Educational Psychology)》에서 이렇게 말했다.

'인간이라는 종족은 누구나 공감과 연민을 갈구한다. 아이는 열심히 다친 곳을 보여준다. 공감과 연민을 많이 받고 싶어서 심지어 상처를 내거나 멍이 들게 한다. 똑같은 목적을 위해 어른은 상처를 보여주고, 사고나 질병 이야기를 하고, 특히 수술받았던 이야기는 하나하나 자세히 묘사한다. 진짜 일어난 일이든 상상 속의 일이든, 이에 따르는 불행을 향한 자기 연민은 실제로 모두가 느끼는 감정이다.'

그러므로 누군가를 설득하고 싶다면 원칙 9를 실행하라.

원칙 9

다른 사람의 생각과 욕구에 공감하라.

10

모든 사람이 좋아하는
호소 방법

모든 사람은 자신을 높이 평가한다. 스스로 자신은 훌륭할뿐더러 이기적이지 않다고 생각한다.

피어폰트 모건금융재벌은 인간의 심리를 분석한 글에서 인간이 어떤 행위를 하는 데는 대개 두 가지 이유가 있다고 했다. 하나는 그럴듯하게 들리는 이유이고 나머지 하나는 진짜 이유이다.

'당사자는 행위의 진짜 이유를 생각한다. 우리가 그걸 강조할 필요는 없다. 하지만 우리 모두 마음속에서는 이상주의자이므로 행위의 동기를 생각하고 그럴듯해 보이는 이유

를 내세우기를 좋아한다. 그러므로 사람을 변화시키기 위해서는 고상한 동기를 내세워야 한다.'

펜실베이니아주 글레놀덴에 있는 파렐미첼 회사의 해밀튼 파렐이 겪은 일이다. 파렐에게는 세입자가 있었는데, 이 세입자는 불만으로 가득해서 이사를 가버리겠다고 파렐에게 으름장을 놓았다. 계약은 아직 4개월이나 남아 있었지만, 세입자는 계약과 상관없이 당장 집을 비우겠다고 알려왔다.

"이 세입자 가족은 겨우내 저희 집에 살았습니다. 1년 중 월세가 가장 비싼 시기죠."

파렐이 우리 수업 시간에 이야기를 꺼냈다.

그리고 저는 가을이 되기 전에는 세입자를 다시 구하는 게 어려울 것임을 알고 있었습니다. 월세 수입이 사라진다고 생각하니 저는 정말 화가 났지요.

자, 보통 이럴 때 저는 세입자에게 가서 계약서를 다시 읽어보라고 말합니다. 그러면서 지금 이사를 나가면 남은 월세는 전부 즉시 지급해야 한다는 조항을 가리키죠. 그리고 이를 받기 위해 할 수 있는 모든 조치를 할 거라고 이야기합니다.

하지만 버럭 화를 내고 소란을 떠는 대신 저는 다른 전술을 택하기로 했습니다. 그래서 이렇게 대화를 시작했지요.

"○○ 씨, 이야기는 들었습니다. 하지만 정말로 이사하시리라는 생각은 들지 않는군요. 임대업을 수년간 하다 보니 사람 보는 눈이 생겼거든요. ○○ 씨는 처음부터 약속을 지킬 분이라는 걸 알았습니다. 사실 저는 그 점에 확신하고 있으므로 내기를 해도 좋아요.

자, 제가 제안하고 싶은 내용은 이렇습니다. 이사하시겠다는 결정에 관해 며칠 더 생각해주시겠습니까? 잘 생각해보시고 다음 달 초 월세 날이 되면 제게 여전히 이사 가고 싶으신지 말씀해주십시오. 그때 최종 결정을 하신 걸로 받아들이겠습니다. 그리고 이사하시도록 처리해드리고 제가 사람을 잘못 봤다는 걸 스스로 인정하겠습니다.

하지만 저는 여전히 ○○ 씨가 약속을 지키실 분 같고 계약을 이행하시리라 믿습니다. 결국 우리는 사람 아니면 원숭이가 되는 것이고, 그 선택은 보통 스스로 하는 거니까요!"

다음 달이 되자 그분이 제게 와서 직접 월세를 내고 갔습니다. 아내와 상의한 뒤 이사하지 않고 남기로 결정했다고 하더군요. 그분은 명예를 지키기 위한 유일한 길은 계약이 만

료될 때까지 사는 거라는 결론을 내렸습니다.

고(故) 노스클리프 경은 공개되길 원치 않는 자기 사진이 신문에 실린 걸 보았다. 그래서 편집자에게 편지를 썼다. '그 사진을 더는 싣지 마시오. 마음에 들지 않습니다'라고 썼을 까? 아니다, 노스클리프 경은 좀 더 고결한 동기에 호소했 다. 누구나 지닌 어머니를 향한 존경과 사랑에 호소한 것이 다. 그는 이렇게 썼다.

'그 사진을 더는 싣지 말아주세요. 어머니께서 싫어하십 니다.'

존 록펠러 2세도 신문에 아이들 사진이 실리지 않기를 원 했고, 이를 위해 고결한 동기에 호소했다. 록펠러는 '아이들 사진이 실리는 걸 원하지 않습니다'라고 말하지 않았다. 그 렇게 하지 않고 누구나 마음 깊은 곳에 가지고 있는 욕구, 아이들을 해치고 싶지 않다는 그런 바람에 호소했다.

'여러분도 아시지 않나요. 아이를 두신 분들도 있을 테고 요. 그럼 아이들 얼굴이 지나치게 알려져서 좋을 게 없다는 걸 아실 겁니다.'

사이러스 커티스는 메인주 출신의 가난한 집 아이였지만, 훗날 엄청난 경력을 쌓는다. 〈새터데이 이브닝 포스트〉와 〈레이디스 홈 저널〉을 창간해 수백만 달러를 벌게 된 것이다. 하지만 초창기에는 원고를 기고하는 작가들에게 다른 잡지사만큼의 원고료를 줄 수 없었다. 원고료만 놓고 보면 일류 작가를 섭외할 형편이 되지 못했다.

그는 작가들의 고결한 동기에 호소하기로 했다. 예를 들어 커티스는 영원한 명작 《작은 아씨들》을 쓴 루이자 메이 올콧에게 잡지에 글을 써달라고 설득했는데 당시 올콧은 한창 명성을 날리던 때였다. 커티스는 올콧이 아니라 그녀가 즐겨 찾는 자선단체에 100달러를 기부하겠다고 제안함으로써 올콧에게 원고를 청탁할 수 있었다.

회의적인 사람이라면 이쯤에서 생각할 것이다.

'오, 노스클리프나 록펠러, 감성 소설가에게나 가능한 얘기겠지. 내가 돈을 받아야 하는 골칫덩어리 인간들에게도 효과가 있는 방법인지 알고 싶어.'

그 생각이 옳다. 모든 경우에 통하는 방법은 없다. 그리고 모든 사람에게 통하는 방법도 없다. 지금 얻는 결과에 만족하고 있다면 방법을 바꿀 이유가 무엇일까? 지금의 결과에 만족하지 못한다면 한 번쯤 시험해본들 어떨까?

원칙 10

고결한 동기에 호소하라.

영화에서도 TV에서도 하는 방법,
나도 해볼까?

수년 전 〈필라델피아 이브닝 블레틴〉은 위험한 소문에 시달리고 있었다. 신문을 향한 악의적인 소문이 돌았다. 이 신문에는 광고만 너무 많고 기사는 거의 없어서 더는 독자들이 읽고 싶어 하지 않는다는 이야기가 광고주들의 귀에 들어갔다. 즉각 대응하여 소문을 진압해야 하는 상황이었다.

그런데 어떻게? 다음과 같은 방법으로 소문은 잠잠해졌다. 〈필라델피아 이브닝 블레틴〉에서는 평소 하루치의 신문에서 기사를 전부 모아 분류한 뒤 한 권의 책을 펴냈다. 책 제목은《하루(One Day)》였고, 총 307페이지였다. 그건 양장

본 한 권만큼의 두께였다. 신문사에서는 하루치 신문에 실린 모든 뉴스와 특집기사를 책 한 권에 실어 몇 달러가 아닌 몇 센트에 판매했다.

책을 출간한 덕분에 〈필라델피아 이브닝 블레틴〉에는 엄청난 양의 재미난 기사가 실려 있다는 사실이 극적으로 드러났다. 그저 신문에 숫자나 이야기를 나열하는 것보다 사실을 훨씬 생생하고, 재미있게, 더욱 인상적으로 전할 수 있었다.

요즘은 극적인 효과가 필요한 시대이다. 그저 사실만 이야기하는 걸로는 부족하다. 사실을 생생하고 흥미롭게 극적으로 전해야 한다. 쇼맨십을 발휘해야 하는 시대인 것이다. 영화에서도 TV에서도 그런 모습을 볼 수 있다. 사람들의 관심을 원한다면 여러분도 쇼맨십을 발휘해야 한다.

직장에서든 생활의 어느 영역에서든 극적인 방식으로 생각을 표현할 수 있다. 그건 손쉬운 일이다. 짐 이만스는 버지니아주 리치몬드에 소재한 NCR 회사에서 영업을 담당하고 있다. 그는 극적인 행동을 보여서 물건을 판매하는 자신의 방법에 관해 이야기해주었다.

지난주에 저는 근처 식료품점을 방문했는데, 계산대에 아주 낡은 금전등록기가 있는 걸 보았습니다. 저는 가게 주인에게 다가가 말했습니다.

"손님이 다녀갈 때마다 말 그대로 돈을 버리고 계시는군요."

그러면서 바닥에 한 줌의 동전을 던졌습니다. 식료품점 주인은 즉각 제 얘기에 관심을 기울이더군요. 몇 마디 말로 주인의 관심을 끌 수도 있었겠지만, 동전이 바닥에 떨어지는 소리에 주인은 하던 일을 완전히 멈추고 제게 집중했습니다. 그리고 저는 그 가게의 낡은 금전등록기들을 전부 교체하는 주문을 받을 수 있었죠.

인디애나주 미사와카에 사는 메리 캐서린 울프는 직장에서 어려움을 겪는 일이 있었고, 이 문제를 상사와 상의해야겠다고 마음먹었다. 월요일 아침에 상사에게 면담을 신청했지만 매우 바쁘다면서 비서와 상의해 그 주 후반으로 면담 약속을 잡아보라고만 했다. 비서는 상사의 일정이 매우 빡빡하지만 울프와의 면담 일정을 잡아보겠다고 했다.

울프는 그때의 일을 다음과 같이 이야기했다.

한 주가 꼬박 지나도록 비서에게서 답을 받지 못했습니다. 어떻게 되었는지 물어볼 때마다 상사가 저를 만날 수 없는 이유를 대곤 했습니다. 금요일 아침이 되었지만 일정은 전혀 확정되지 않았어요. 저는 주말이 되기 전에 꼭 상사를 만나서 문제점을 상의하고 싶었고, 어떻게 하면 상사를 만날 수 있을지 스스로 생각해보았습니다.

결국 저는 상사에게 공식적인 편지를 썼습니다. 한 주 내내 정말 바쁘셨다는 걸 잘 알고 있지만 매우 중요한 문제로 드릴 말씀이 있다고 썼지요. 봉투 안에는 편지지와 제 주소가 적힌 봉투를 넣고 빈칸을 직접 혹은 비서를 통해 채운 후 답장해달라고 부탁드렸고요. 편지지에는 다음과 같은 양식을 갖춰 적어두었습니다.

'울프 씨에게, ○○월 ○○일 ○○시(오전/오후)에 면담 가능합니다. ○○분 동안 이야기합시다.'

이렇게 준비한 것을 오전 11시에 상사의 우편함에 넣었습니다. 오후 2시가 되어 제 우편함을 확인했더니 제가 상사의 우편함에 넣었던 봉투가 돌아와 있더군요. 상사가 직접 제 편지에 답장을 써서 그날 오후에 10분간 면담이 가능하다고 해주었습니다. 그렇게 상사를 만나 한 시간 넘게 이야기를 나누었고 제 문제를 해결하게 되었습니다.

상사를 정말 만나고 싶다는 제 바람을 극적으로 표현하지 않았더라면 아마 아직도 일정이 정해지기만을 기다리고 있었을 거예요.

제임스 보인톤은 긴 시장보고서를 발표해야 했다. 보인톤 외 회사에서는 시장을 선도하는 어느 콜드크림 브랜드에 관한 철저한 연구를 이제 막 끝낸 참이었다. 보인톤은 이 시장의 경쟁 상황에 관한 자료가 즉시 필요했다. 보인톤의 잠재 고객은 광고 업계의 거물이면서 만만치 않은 인물이었다.

보인톤의 첫 번째 시도는 시작하기도 전에 실패로 끝났다. 보인톤은 이렇게 설명했다.

처음 제가 사무실에 들어갔을 때 대화는 조사에 사용된 방법론에 관한 헛된 논쟁으로 빠졌습니다. 저는 잠재 고객과 옥신각신 논쟁을 벌였습니다. 그는 제가 틀렸다고 했고, 저는 제 말이 맞는다는 걸 증명하려 애썼습니다.

결국 논쟁에서 제가 이기기는 했지만, 그건 제 만족일 뿐이었죠. 제게 주어진 시간은 끝났고, 면담도 거기까지였습니다. 저는 여전히 아무런 결과를 내지 못한 상태였죠.

두 번째로 그를 찾았을 때는 숫자나 자료에 신경 쓰지 않고 제가 아는 사실을 극적으로 표현했습니다.

사무실로 들어가니 그는 전화를 받느라 바빴어요. 전화 통화가 마무리되는 듯하자 저는 서류 가방을 열고 그의 책상 위에 콜드크림 32통을 쏟아놓았습니다. 전부 그의 경쟁 회사 제품들로, 그가 알고 있는 제품들이었죠.

저는 각각의 통에 상품 거래 조사 결과를 항목별로 적어서 붙여놓았습니다. 각각의 꼬리표에는 제품 이야기가 짧지만 극적으로 적혀 있었습니다.

그래서 어떻게 되었을까요?

더는 논쟁이 벌어지지 않았습니다. 새롭고 색다른 일이 펼쳐졌으니까요. 그는 첫 번째 통을 보고, 다음 통을 보고, 꼬리표에 붙어 있는 설명을 읽었습니다. 우리 사이에는 친근한 대화가 오갔습니다. 그는 추가적인 질문도 하고, 매우 강한 흥미를 보였지요. 원래 제게 주어진 발표 시간은 10분이었지만, 10분이 지나고, 20분이 지나고, 40분이 지났습니다. 한 시간이 지났을 때도 우리는 여전히 대화를 이어가고 있었습니다.

이번에 이야기한 내용은 앞서 발표했던 내용과 똑같은 사실을 바탕으로 하고 있었습니다. 하지만 이번에는 극적인 효과, 쇼맨십을 이용함으로써 정말 다른 결과를 얻었지요.

원칙 11

생각을 극적으로 표현하라.

12

그 무엇도 소용없을 때,
이 방법을 써보라

'사람은 누구나 두려움을 가지고 있다. 하지만 용기 있는 자는 두려움을 내려놓고 앞으로 나아간다. 때로 죽음을 향하기도 하지만 언제나 승리로 가는 길이다.'

이는 고대 그리스 근위병들의 좌우명이었다. 두려움을 극복할 기회를 얻는 것보다 더 큰 도전이 어디 있겠는가?

뉴욕주지사 시절, 앨 스미스는 도전에 직면했다. 데블스섬의 서쪽에 위치한 당시 가장 극악한 싱싱 교도소에 교도소장이 없었던 것이다. 스캔들과 흉측한 소문이 교도소 안을 휩쓸었다. 스미스에게는 싱싱 교도소를 관리해줄 철인이 필요했다. 하지만 누가 그런 역할을 맡아야 할까? 스미스는 뉴햄프턴에 사는 루이스 로우스를 불렀다.

"싱싱 교도소를 맡아보는 게 어떤가?"

스미스는 로우스 앞에서 쾌활하게 말했다.

"거긴 경험 있는 사람이 필요해요."

로우스는 무척 당황스러웠다. 그는 싱싱 교도소가 위험한 곳이라는 걸 알고 있었다. 그리고 싱싱 교도소장 자리는 정치적 입김이 작용하는 데다 변덕스러운 정치 기류의 변화에 따라 교도소장이 임명되었다가 그만두곤 하는 것을 알고 있었다. 한번은 겨우 3주 만에 그만둔 사람도 있었다. 로우스는 자신의 경력을 생각해야 했다. 위험을 부담할 가치가 있는 일일까?

로우스가 망설이자 스미스는 의자 뒤로 몸을 기대며 미소지었다.

"여보게, 자네가 겁먹는다고 비난하지는 않을 걸세. 거긴 힘든 자리야. 그 자리에 올라가서 머물려면 당연히 대단한 사람이어야 하지."

스미스는 도전을 권한 셈이다. 그렇지 않은가?

로우스는 '대단한' 사람만이 할 수 있는 일에 도전해본다는 생각이 좋았다. 그래서 싱싱 교도소장이 되었고, 그 자리를 지켰다. 그리고 당대 가장 유명한 교도소장이 되었다. 로우스가 집필한 《싱싱 교도소의 2만 년(20,000 Years in Sing Sing)》은 수십만 부나 팔렸다. 그는 방송에 출연했고, 그의 간수 인생 이야기는 수십 편의 영화에 영감을 주었다. 범죄자들을 '인간답게' 대하는 그의 방식은 교도소 개혁 방식에 기적을 불러일으켰다.

파이어스톤 타이어 앤드 러버의 창업자 하비 파이어스톤은 말했다.

"돈만으로 좋은 인재를 불러 모으거나 보유하는 모습은 본 적이 없다. 중요한 건 일 자체라 생각한다."

훌륭한 행동 과학자인 프레데릭 허츠버그도 이 말에 동의한다. 허츠버그는 공장 노동자에서부터 고위 임원에 이르기까지 수천 명의 근무 태도에 관해 깊이 연구했다. 근무 태도에 가장 동기를 크게 부여하는 요소가 무엇이었을까? 일에서 가장 보람을 느끼게 하는 부분은 무엇이었을까? 돈이었을까? 훌륭한 근무 조건이었을까? 복지 혜택이었을까? 아니다. 그 무엇도 아니었다. 사람들에게 동기를 부여하는 가장 중요한 요소는 일 그 자체였다. 일이 신나고 재미있으면 일하는 사람은 계속 일하고 싶어서 더 잘해내려 한다.

성공한 사람은 누구나 게임하는 걸 좋아한다. 게임은 자기를 표현할 기회다. 남보다 뛰어나기 위해, 이기기 위해 자신의 가치를 증명할 기회이다. 이것이 바로 도보 경주, 돼지 몰기 대회, 파이 먹기 대회가 열리는 이유다. 남보다 뛰어나고 싶은 마음, 자기 존재의 중요성을 느끼려는 마음이다.

원칙 12

도전 의식을 불러일으켜라.

3
PART

사람들을 설득하는법

원칙 1 :
논쟁을 통해 최선의 결과를 얻을 유일한 방법은
논쟁을 피하는 것이다.

원칙 2 :
상대방의 의견을 존중하라. '당신이 틀렸다'는 말은
절대 하지 말라.

원칙 3 :
잘못했으면 빨리, 확실하게 인정하라.

원칙 4 :
상냥하게 다가가며 이야기를 시작하라.

원칙 5 :
상대방이 즉시 "예, 예"라고 대답하게 하라.

원칙 6 :

상대방이 많은 이야기를 하게 하라.

원칙 7 :

상대방이 그 의견을 자신의 것으로 여기게 하라.

원칙 8 :

다른 사람의 관점에서 상황을 살필 수 있도록
정말 노력하라.

원칙 9 :

다른 사람의 생각과 욕구에 공감하라.

원칙 10 :

고결한 동기에 호소하라.

원칙 11 :

생각을 극적으로 표현하라.

원칙 12 :

도전 의식을 불러일으켜라.

How to win friends & Influence people
for Woman

PART

리더의 소통:
감정을 상하게 하거나 분노를 일으키지 않으면서
사람을 변화시키는 법

잘못된 점을 꼭 지적해야 한다면
이렇게 시작하라

장점에 관한 칭찬부터 하면 기분 나쁜 소리도 쉽게 받아들이게 할 수 있다. 1896년 매킨리가 대통령 선거에 출마했을 때 썼던 방법이 바로 이것이다. 당시 공화당의 유력 당원이 선거 연설문을 써 왔는데 그 사람은 자신이 쓴 글이 키케로와 패트릭 헨리, 대니얼 웹스터의 글을 하나로 합한 것보다 더 낫다고 생각하고 있었다. 그는 자신이 쓴 그 불멸의 연설문을 매킨리에게 자부심 가득한 목소리로 읽어주었다. 연설문에는 좋은 부분도 몇 군데 있었지만, 썩 뛰어난 글은 아니었다. 게다가 폭풍 같은 비난을 불러일으킬 여지도 있었다. 하지만 매킨리는 글을 써 온 사람의 기분을 상하게 하고 싶지 않았다. 그 사람의 당당한 열정을 죽이지 않으면서 연설문을 '거절'해야 했다. 매킨리가 얼마나 영리하게 문제를 해결했는지 살펴보자.

"정말 훌륭한 연설문이네. 멋진 글이야."

매킨리가 말했다.

"누구도 이보다 더 잘 쓸 수는 없었을 거야. 여러 경우에 사용할 수 있도록 정확히 해야 할 옳은 말을 담고 있는 글이기는 한데, 대통령 선거용으로도 적절하려나? 자네의 관점에서 보면 탄탄하고 냉철한 글이지만, 나는 당의 관점도 고려해야만 하지. 이제 돌아가서 내가 이야기한 부분에 맞추어 연설문을 써주게나. 완성되면 사본을 보내주게."

매킨리는 그렇게 상황을 수습했다. 그가 두 번째 연설문을 쓸 때는 매킨리도 원고를 교정하며 작성을 도왔다. 그리고 매킨리는 선거 운동 기간에 가장 효과적으로 연설을 잘 전달하는 후보가 되었다.

여러분은 매킨리가 아니다. 그러니 이 방법이 여러분의 일상 업무에서도 통할지 알고 싶을 것이다. 과연 통할까? 한번 살펴보자. 다음은 필라델피아 와크 건축 회사에서 일하는 가우의 이야기다.

와크 건축 회사는 정해진 날짜까지 필라델피아에 대형 오피스 빌딩을 완공하는 계약을 맺었다. 모든 일이 순조롭게 진행되었다. 그런데 빌딩 건축이 거의 마무리될 무렵 건물 외벽의 청동 장식을 제조하는 하도급 업체에서 일정대로 납품할 수 없다는 연락이 왔다. 뭐라고! 건물 전체 공사가 중단될 일이었다. 막대한 과징금이 나올 것이다! 엄청난 손해는 어떻게 하지! 이 모든 게 한 사람 때문이었다!

전화를 걸었다. 말싸움이 벌어졌고, 열띤 대화가 오갔다! 하지만 전부 소용없는 짓이었다. 가우는 청동 사자에 맞서기 위해 뉴욕에 있는 사자 굴로 갔다.

가우는 하도급 업체의 사장을 만나 인사를 나누고 난 뒤 바로 이런 질문을 꺼냈다.

"브루클린에서 사장님과 성함이 같은 사람이 아무도 없다는 거 알고 계셨나요?"

하도급 업체의 사장은 놀라서 답했다.

"아니, 몰랐습니다."

가우가 말했다.

"음, 오늘 아침 열차에서 내려 사장님의 주소를 찾기 위해 전화번호부를 뒤졌습니다. 브루클린 전화번호부에 그 성함을 쓰는 사람은 사장님뿐이더군요."

"전혀 몰랐습니다."

업체 사장은 그렇게 말하고 흥미롭게 전화번호부를 확인했다. 그리고 자랑스럽게 말했다.

"음, 특이한 이름이긴 하죠. 우리 가족은 네덜란드 출신으로 200년 전에 뉴욕에 정착했습니다."

그러고는 계속해서 자신의 가족과 조상에 관해 몇 분 동안 이야기했다. 사장이 이야기를 마쳤을 때 가우는 그의 공장이 얼마나 큰지 칭찬하고 자신이 전에 가본 비슷한 공장 여러 곳보다 훨씬 좋다고 말했다.

"제가 본 청동 공장 가운데 가장 깨끗하고 깔끔했어요."

"이 사업을 키우는 데 평생을 쏟았습니다."

업체 사장이 이야기했다.

"그리고 저는 그 점을 자랑스럽게 여깁니다. 공장을 한번 둘러보시겠습니까?"

공장을 둘러보는 동안 가우는 제조 시스템을 칭찬하며, 경쟁 업체보다 어떻게 그리고 왜 뛰어난지 알겠다고 말했다. 가우가 보기 드문 기계에 관해서도 언급하자 업체 사장은 자신이 직접 발명한 기계라고 답했다. 그렇게 사장은 상당한 시간을 들여 가우에게 자신의 공장이 어떻게 운영되고, 얼마나 뛰어난 제품을 만드는지를 보여주었다. 그러고는 가우에게 점심 식사를 청했다. 눈여겨봐야 할 부분은 지금까지 가우가 업체 사장을 찾은 진짜 목적에 대해서는 한마디도 꺼내지 않았다는 점이다.

점심 식사 후에 업체 사장이 말했다.

"자, 이제 일 이야기를 할까요? 여기에 왜 오셨는지는 당연히 알고 있습니다. 우리의 만남이 이렇게 즐거우리라고는 예상하지 못했지만요. 다른 주문을 뒤로 미루더라도 가우 씨 회사의 제품을 제때 만들어 출하하겠다고 약속드립니다."

가우는 말 한마디 꺼내지 않고 원하는 바를 전부 얻었다. 제품은 제때 도착했고, 건물은 건축계약서상에 명기된 날짜에 완공되었다.

이러한 상황에서 사람들이 흔히 하듯 강압적인 방법을 썼다면 같은 결과를 얻을 수 있었을까?

뉴저지주 포트 몬머스에서 연방 신용조합 지점장으로 일하는 도로시 러블류스키는 우리 수업에 참석해 지점 직원의 생산성을 높인 방법에 관해 이야기해주었다.

최근 창구 업무를 담당할 견습 직원으로 젊은 여성을 고용했습니다. 그 직원은 고객과의 관계가 아주 좋았습니다. 거래를 처리할 때도 정확하고 효율적이었습니다. 하지만 문제는 업무가 끝나고 마감을 해야 할 때였습니다.

창구업무팀 주임이 제게 와서 그 직원을 해고해야 한다고 강하게 주장했습니다.

"마감 업무 처리 속도가 너무 늦어 모두를 기다리게 해요. 제가 업무 처리 방법을 몇 번이나 반복해서 알려줬는데도 이해를 못 합니다. 해고해야 해요."

다음 날 저는 일상 업무 시간에 그 직원이 빠르고 정확하게 업무를 처리하는 모습을 지켜보았습니다. 그녀는 고객을 응대할 때 몹시 즐거워 보였습니다.

그 직원이 마감 업무를 처리할 때 속도가 느린 이유는 곧 밝혀졌습니다. 은행 업무 시간이 끝난 뒤 저는 그녀에게 다가가 이야기를 나누었습니다. 그녀는 긴장한 채 불안해하는 모습이 역력했지요. 저는 그녀가 매우 친근하고 적극적으로 고객 대응을 하는 점과 정확하고 신속히 업무 처리하는 것을 칭찬해주었습니다. 그러고 나서 업무 마감 절차를 재확인해보자고 말했습니다. 제가 자신을 믿어준다는 걸 알고 나자 그녀는 제가 말한 제안에 쉽게 응했고, 업무도 금방 익혔습니다. 그녀는 지금 문제없이 잘 근무하고 있습니다.

칭찬으로 대화를 시작하는 건 치과의사가 충치 치료 전에 마취제를 쓰는 것과 같다. 충치 치료는 진행되지만, 마취제를 썼기에 환자는 고통을 느끼지 못한다. 리더라면 그렇게 상황에 대처해야 한다.

원칙 1

칭찬과 솔직한 감사의 말로 대화를 시작하라.

미움받지 않고 비판하는 법

존 워너메이커는 필라델피아에 있는 자신의 대형 매장을 매일 둘러보곤 했다. 그러다 한번은 한 고객이 계산대 앞에 서 있는 모습을 보았다. 그런데 누구도 그 고객을 전혀 신경 쓰지 않았다. 직원들은 어디 있는 걸까? 흠, 직원들은 계산 대의 반대편 끝에 모여 웃고 떠드는 중이었다. 하지만 워너 메이커는 아무 소리도 하지 않았다. 그는 조용히 계산대로 가 직접 계산하고는 직원들에게 포장을 부탁한 뒤 자리에서 벗어났다.

공직자들은 접근이 어렵다는 이유로 종종 유권자의 비판

을 받는다. 공직자는 바쁘고, 때로 방문자가 너무 많으면 상사가 부담스러워질 것을 우려한 비서관들이 과하게 접근을 막아서 문제가 생길 때도 있다.

칼 랭포드는 올랜도 시장이었다. 그는 디즈니 월드가 있는 플로리다의 도시 올랜도에서 오랫동안 시장직을 수행해 왔는데 직원들에게 사람들이 자신을 만날 수 있도록 두라고 자주 얘기했다. 하지만 그가 '열린 문' 정책을 펴고 있다고 주장하는데도 지역 주민들이 그를 접촉하려 들면 비서관, 사무관 들이 막아섰다.

랭포드 시장은 마침내 해결책을 찾았다. 집무실의 문을 없애버린 것이다! 보좌관들은 시장의 진심을 이해했고, 상징적으로 집무실 문을 없애버린 그날부터 진정한 열린 시정이 펼쳐졌다.

그저 세 글자짜리 단어 하나만 바꾸어도 상대의 기분을 상하게 하거나 적개심을 불러오지 않으면서 상대의 변화를 이끌 수 있다.

많은 사람이 상대를 비판할 때 진심 어린 칭찬으로 시작했다가 '그런데'라는 단어를 꺼낸 뒤 비판하는 내용으로 말을 맺는다. 예컨대 공부를 열심히 하지 않는 아이를 변화시키려고 우리는 이렇게 말한다.

"조니, 우리는 이번 학기에 성적이 오른 네가 정말 자랑스럽단다. 그런데 수학을 조금 더 열심히 했다면 결과가 더 좋았을 거야."

'그런데'라는 말을 듣기 전까지 조니는 힘이 났을 것이다. 하지만 이어지는 말을 듣고 나면 앞선 칭찬도 그 진의를 의심하게 된다. 조니에게 칭찬은 그저 잘못했다는 비판을 하기 위해 억지로 짜낸 서문에 불과하다고 느껴진다. 이렇듯 믿음이 깨져버린다면 조니의 학습 태도를 바꾸겠다는 목표는 달성할 수 없을 것이다.

이런 문제는 '그런데'를 '그리고'로 바꾸면 간단히 해결할 수 있다.

"조니, 우리는 이번 학기에 성적이 오른 네가 정말 자랑스럽단다. 그리고 다음 학기에도 똑같이 계속 성실하게 노력하면 수학 성적은 더불어 올라갈 거야."

이제 조니는 칭찬을 받아들일 수 있다. 잘하지 못한다는 이야기가 따라 나오지 않았기 때문이다. 변화를 주고 싶은 조니의 행동을 조니가 의식하도록 간접적으로 알려주었는데, 조니는 기대에 맞춰 노력할 가능성이 크다.

직접적인 비판을 받으면 크게 화를 내는 예민한 사람들에게는 그들의 실수를 간접적으로 의식하게 만들어야 한다. 그러면 큰 효과를 볼 수 있다. 로드아일랜드주 운소컷에 사는 마지 제이콥은 우리 수업 시간에 그녀의 집 근처에서 건설 공사를 하는 인부들에게 그들이 머물던 자리를 깨끗이 치우도록 설득한 이야기를 들려주었다.

공사가 시작되고 처음 며칠 동안 제이콥은 퇴근 후 집에 돌아와 자르고 남은 목재 조각들이 마당에 흩뿌려져 있는 걸 보았다. 그녀는 인부들의 미움을 사고 싶지는 않았다. 일솜씨가 아주 좋은 사람들이었기 때문이다. 그래서 인부들이 돌아간 뒤 아이들과 함께 목재 조각을 주워 구석에 전부 깔끔하게 모아두었다. 다음 날 아침 그녀는 공사 현장 감독관을 한쪽으로 따로 불러 말했다.

"지난밤에 저희 집 앞마당을 정리해주셔서 정말 감사합니다. 보기도 좋고 깔끔해 이웃에 폐가 되지 않겠네요."

그날부터 인부들은 목재 부스러기들을 주워 한쪽에 쌓았고, 감독관은 매일 작업이 끝난 뒤 앞마당의 상태가 괜찮은지 그녀에게 확인받으러 왔다.

1887년 3월 8일, 뛰어난 설교를 들려주었던 헨리 워드 비처 목사가 사망했다. 그다음 일요일 신학자 라이먼 애보트는 비처 목사가 사망하고 비어버린 연단에서 설교해달라는 부탁을 받았다. 최선을 다해 준비하고 싶은 마음에 애보트는 설교문을 쓰고, 또 쓰고, 프랑스의 소설가 플로베르처럼 꼼꼼하게 다듬었다. 그러고 나서 아내에게 설교문을 읽어주었다. 원고로 적은 연설이 대부분 그렇듯 애보트의 설교문도 형편없었다. 애보트의 아내기 판단력이 부족한 사람이었다면 이렇게 말했을 것이다.

"여보, 설교문이 형편없어요. 그거로는 안 될 것 같아요. 신도들이 잠들 거예요. 백과사전 읽는 것 같거든요. 여러 해 동안 설교를 해왔으니 이것보단 잘해야지요. 제발 좀 사람처럼 이야기할 수 없어요? 자연스럽게 행동할 수 없을까요? 원고를 그렇게 읽어서는 망신만 당할 거예요."

애보트의 아내는 그렇게 말했을까? 그랬다면 어떻게 되었을지 여러분도 짐작할 것이다. 물론 애보트의 아내 역시 그렇게 말하면 어떻게 될지 알고 있었다. 그래서 그냥 남편의 글이 문예지 〈노스 아메리칸 리뷰〉에 실리면 정말 좋을 것 같다고 이야기했다. 다시 말해 애보트의 아내는 남편을 칭찬하면서 동시에 넌지시 설교문으로 어울리는 글은 아니라

는 암시를 한 것이다. 애보트도 아내의 뜻을 알아채고 정성
들여 준비한 원고를 찢어버린 뒤 메모조차 없이 설교에 임
했다.

다른 사람의 실수를 바로잡을 효과적인 방법은 다음과
같다.

원칙 2

사람들의 잘못은 간접적으로 알려라.

3

나의 실수부터
이야기하라

　나의 조카 조세핀 카네기가 내 비서로 일하기 위해 뉴욕에 왔다. 조세핀은 열아홉 살이었고 고등학교를 졸업한 지는 3년이 되었다. 그녀는 사회생활 경험이 거의 없었다. 후에 조세핀은 수에즈의 서쪽 지역에서는 최고라 할 수 있는 비서가 되었지만, 시작은 음…… 발전해야 할 부분이 많았다. 어느 날 나는 조세핀을 질책하려다가 생각했다.

　'데일 카네기, 잠깐만. 넌 조세핀보다 나이가 두 배나 많다고. 사회생활 경험은 만 배나 많을 거고. 어떻게 조세핀에게 너와 같은 관점과 판단, 자주성을 기대하는 거야? 잘해야 평범할까? 아, 그런데 데일 잠깐만, 열아홉 살 때 너는 무엇을 하고 있었지? 그때 네가 저질렀던 터무니없는 실수들 기억나? 이런저런 실수를 했던 때를 기억하니?'

이 문제에 관해 생각하고 나서 내가 솔직하고 공평하게 내린 결론은 같은 열아홉 살을 놓고 보면 조세핀이 나보다 낫다는 사실이었다. 말하기 부끄럽지만 조세핀에게 칭찬 한 마디 해주지 않고 있었다. 그래서 이후로는 조세핀의 실수를 지적하고 싶을 때 이렇게 말문을 열었다.

"조세핀, 네가 실수를 저질렀지만 하나님은 아실 거야. 내가 저질렀던 실수보다는 낫단다. 판단력을 가지고 태어나는 사람은 없어. 판단력은 경험을 통해서만 기를 수 있는데, 너는 네 나이 때의 나보다 나아. 나도 정말 바보 같고 어리석은 실수를 많이 저질렀어. 그러니 너나 다른 사람을 나무랄수가 없단다. 그렇기는 하지만 네가 이러이러하게 하는 편이 더 나았을 거라고 생각하지 않니?"

스스로 완벽과는 정말 거리가 멀다고 겸손하게 인정하면서 비판을 시작하면 그 사람이 하는 비판을 듣는 게 그리 어렵지 않다.

캐나다 매니토바주 브랜든에서 엔지니어로 일하는 딜리

스톤은 새로 뽑은 비서 때문에 어려움을 겪고 있었다. 그가 작성한 서류를 타이핑시키면 비서가 서명을 받기 위해 타이핑한 서류를 책상 위에 올려놓는데, 살펴보면 한 페이지에 두세 개씩 오타가 있었다. 딜리스톤은 이 문제에 대처한 방법을 우리 수업 시간에 이야기해주었다.

엔지니어들이 그렇듯, 제 영어도 훌륭하지 않고 철자에 자신 있는 것도 아닙니다. 수년 동안 저는 조그마한 검은 수첩을 가지고 다녔습니다. 철자를 자주 틀리는 단어는 거기에 적어놓았죠. 비서에게 실수를 지적하는 것만으로는 서류를 교정하거나 사전을 찾게 할 수 없다는 게 분명해지자 저는 다른 접근법을 써보기로 했습니다. 다음에 다시 오타가 든 서류를 받았을 때 저는 타이피스트를 불렀습니다.

"어찌 된 일인지 이 단어가 맞는 것 같지 않군. 내가 항상 헷갈리는 단어란 말이지. 그래서 내가 철자 수첩을 만들었어. (철자 수첩의 적절한 페이지를 펴고) 그래, 여기 있군. 나는 요즘 철자에 매우 신경을 쓰고 있다네. 글씨와 철자를 보고 우리를 판단하는 사람이라면 이 서류를 보고 프로답지 못하다고 생각할 테니 말이야."

그녀가 제 방식을 따랐는지 아닌지는 알 수 없지만 그날 이 야기를 나눈 이후로 서류에서 오타가 현저히 줄었습니다.

1909년 기품 넘치는 독일의 베른하르트 폰 뷜로 후작도 이렇게 말하는 방법이 꼭 필요하다는 걸 배웠다. 당시 뷜로 후작은 독일 제국의 총리였고, 국왕은 거만한 빌헬름 2세였 다. 빌헬름 황제는 무척 거만한 사람이었다. 독일 제국의 마 지막 황제였던 빌헬름 2세는 그가 자랑스러워하는 독일의 육군과 해군을 육성했고, 독일 군대는 강력한 상대도 물리 칠 수 있었다.

그때 놀라운 일이 일어났다. 빌헬름 2세가 실언을 했는데, 그 믿을 수 없는 말이 유럽대륙을 뒤흔들고 전 세계에 일련 의 폭발을 일으킨 것이다. 엎친 데 덮친 격으로 황제는 영국 에 국빈으로 방문하는 동안 공개석상에서 어리석고 자기중 심적이며 바보 같은 말을 내뱉었고, 〈데일리 텔레그래프〉에 자신의 발언을 실어도 좋다고 허락했다.

이를테면 자신은 영국을 우호적인 나라라고 생각하는 유 일한 독일인이라고 선언하거나, 일본의 위협에 대항해 해군 을 육성하고 있다거나, 오직 자신만이 러시아와 프랑스에 가려 초라해진 영국을 구할 수 있다고 했는가 하면, 영국의 로버트 경이 남아프리카공화국의 보어인을 무찌른 건 자신이 계획한 일이라는 등등의 발언이었다.

평화로운 시기를 보내고 있던 유럽에서 한 나라의 왕이 그런 소리를 한 건 100년 동안 처음이었다. 유럽 전역이 쑤셔놓은 벌집처럼 분노로 들끓었다. 영국은 격분했고 독일 정치인들은 경악했다.

아연실색한 황제는 그야말로 '멘붕'에 빠진 채 독일 총리 폰 뷜로 후작에게 책임을 떠넘겼다. 그렇다. 황제는 폰 뷜로 후작이 이렇게 발표하길 원한 것이다.

'이 모든 일은 전부 총리인 나의 책임이다. 내가 군주께 이런 믿을 수 없는 말씀을 하라고 조언했다.'

폰 뷜로는 즉각적으로 항의했다.

"하지만 폐하, 독일이나 영국의 그 누구도 제가 감히 폐하께 그런 말씀을 하시라는 조언을 드릴 수 있으리라 생각하지 않을 것입니다."

폰 뷜로의 입에서 그 말이 나오자마자 황제는 자신이 중대한 실수를 저질렀음을 깨달았다. 그리고 황제의 화가 폭발했다.

"나를 자네도 저지르지 않을 실수를 저지르는 바보로 아는가!"

황제가 소리를 질렀다.

폰 뷜로는 황제를 비난하기에 앞서 칭찬부터 했어야 한다는 걸 깨달았다. 하지만 이미 늦었기에, 다음 최선책을 찾았다. 비판을 한 뒤 칭찬을 더한 것이다. 그랬더니 기적처럼 효과가 따라왔다.

폰 뷜로는 공손하게 대답했다.

"저는 그런 제안을 드릴 주제도 못 됩니다. 폐하는 여러 면에서 저를 능가하십니다. 해군과 군사 지식은 말할 것도 없고, 무엇보다 자연과학 지식이 뛰어나지 않으십니까? 저는 폐하께서 기압계나 무선 전신, 뢴트겐선에 대해 설명하실 때면 경탄을 금할 수 없습니다. 부끄럽게도 저는 자연과학 분야에는 정말 무지합니다. 화학이나 물리학의 개념은 전혀 모르고 정말 간단한 자연 현상마저 설명할 능력이 없습니다. 그런데 대신 제가 역사 지식은 좀 있는 편이고 정치, 그중에서도 특히 외교적으로는 쓸만한 자질을 갖추고 있습니다."

황제가 활짝 미소 지었다. 폰 뷜로는 황제를 칭찬하고 높이면서 자신을 낮췄다. 그 이후 황제는 무엇이든 용서할 수 있었다. 황제는 들떠서 외쳤다.

"우리는 서로를 훌륭하게 보완할 수 있다고 내가 항상 말하지 않았는가? 우리는 함께해야 하네. 그리고 그렇게 될 것이야."

그렇게 말한 황제는 한 번이 아니라 여러 번 폰 뷜로와 악수했다. 그리고 그날 오후 황제는 열의에 차서 두 주먹을 불끈 쥐고 공언했다.

"누구라도 내게 폰 뷜로 후작에 반하는 말을 하는 사람이 있다면 내가 그의 코에 주먹을 날릴 것이다."

폰 뷜로는 때맞춰 화를 모면했지만, 약삭빠른 외교관인 그도 한 가지 실수를 저질렀다. 대화를 시작할 때 황제가 도움이 필요한 얼빠진 사람이라는 걸 넌지시 암시할 게 아니라 자신의 단점부터 이야기하고 빌헬름 황제의 뛰어난 점을 칭찬했어야 했다.

자신을 낮추고 상대를 칭찬하는 말 몇 마디로 모욕당한 거만한 황제를 확고히 내 편으로 만들 수 있을 정도이니, 우리가 일상생활에서 겸손과 칭찬의 말을 사용하면 어떤 일이 일어날지 생각해보라. 적절히 사용하기만 하면 겸손과 칭찬의 말은 우리 인간관계에 진정한 기적을 불러온다.

좋은 리더는 다음 원칙을 따른다.

원칙 3

다른 사람을 비판하기 전에 나의 실수부터 이야기하라.

4

명령받고 싶은 사람은
아무도 없다

한번은 미국의 중진 전기작가인 아이다 타벨 여사와 저녁 식사를 함께하는 기쁨을 누렸다. 내가 이 책을 쓰고 있다고 이야기하자 사람들과 잘 지내는 법과 관련한 온갖 주제로 대화가 이어졌다. 타벨은 법률가 오웬 영의 전기를 쓰는 동안 오웬 영과 같은 사무실에서 3년 동안 함께 일한 남성과 이야기를 나누게 되었다. 남성의 이야기에 따르면 3년 동안 한 번도 오웬 영이 누군가에게 명령을 내리는 모습을 본 적이 없었다고 한다. 오웬 영은 명령 대신 항상 제안했다. 예를 들어 오웬 영은 "이것 하세요, 저것 하세요"라는 식으로는 결코 말하는 법이 없었고 "이 점에 대해 생각해보세요" 혹은 "그게 효과가 있을 것 같나요?"라고 말하곤 했다. 편지 내용을 불러주고 나서는 자주 이렇게 물었다.

"이 내용은 어떤가요?"

직원이 정리해 온 편지를 보고는 이렇게 말하곤 했다.

"여기를 이런 식으로 표현한다면 더 좋을 것 같아요."

그리고 오웬 영은 사람들에게 항상 스스로 해볼 기회를 주었다. 직원들에게도 일을 하라고 말한 적이 없었다. 그들이 알아서 일하게 하고, 실수를 통해 배울 수 있도록 했다.

이런 방법을 쓰면 사람들로 하여금 잘못을 고치게 하기가 쉽다. 상대의 자존심을 지키고, 그들이 존재의 중요성을 느낄 수 있도록 하는 방법이다. 그래서 상대방은 반감보다는 협조하겠다는 마음을 가진다.

귀에 거슬리는 명령을 받았을 때 느끼는 반감은 오랫동안 지속된다. 분명 잘못된 상황을 바로잡기 위해 내리는 명령이라도 그렇다.

질문으로 표현하는 방식은 명령을 좀 더 듣기 좋게 만들어줄 뿐 아니라 듣는 사람의 창의력도 자극한다. 사람들은 명령을 내리는 결정에 스스로 참여하면 그 명령을 쉽게 받아들인다.

남아프리카공화국 요하네스버그에 사는 이안 맥도날드는 정밀 기계 부품에 특화된 작은 제조공장의 공장장으로 일하고 있었다. 공장에서 대규모 주문을 받을 기회가 생겼는데 맥도날드는 공장 사정상 납기일을 맞출 수 없다고 생각했다. 생산라인의 작업 일정이 이미 정해져 있었고, 이번 주문량의 생산에 주어진 짧은 시간을 생각하면 맥도날드는 주문을 받아들일 수 없을 것 같았다.

맥도날드는 생산량을 맞추기 위해 작업자들을 독촉하며 서둘러 생산 기간을 줄이는 방법 대신 작업자 모두를 불러 상황을 설명했다. 그리고 이 주문을 제날짜에 맞춰 생산한다면 회사와 직원에게 얼마나 중요한 의미가 있을지를 부연했다. 그러고 나서 질문을 던졌다.

"우리에게 이 주문을 처리할 방법이 있을까요? 이 주문을 받아 생산라인에서 처리할 다른 방법이 떠오르는 분 있나요? 우리의 근무 시간이나 개인별 작업량을 조절해 이 주문을 생산할 방법이 있을까요?"

작업자들은 많은 아이디어를 내면서 이 주문을 받자고 주장했다. 작업자들은 '할 수 있다' 정신으로 무장했고, 주문받아 생산했고, 일정에 맞게 출하했다.

효과적으로 직원과 소통하는 리더는 다음 원칙을 사용한다.

원칙 4

직접적으로 명령하지 말고 질문을 던져라.

5

상대의 체면을 세워라

상대의 체면을 세우는 일! 그것은 얼마나 중요한가! 그런데 잠깐이라도 멈춰 이에 대해 생각하는 사람은 얼마나 드문가!

우리는 다른 사람의 감정을 함부로 다룬다. 자기 마음대로 하려 하고, 다른 사람의 잘못을 파헤치고, 으름장을 놓고, 사람들이 보는 앞에서 아이나 직원을 혼낸다. 상대의 자존심에 금이 가는 건 생각조차 하지 않고 말이다. 그러나 잠시만 생각해보면 사려 깊은 단어 한두 개, 다른 사람의 태도에 관한 진실한 이해로서 상대에게 상처 주는 일을 크게 줄일 수 있다! 다음번에 직원을 해고하거나 질책해야 할 불편한 상황이 생기면 이 점을 꼭 기억하자.

공인회계사 마셜 그레인저가 내게 보낸 편지를 보자.

직원을 해고하는 건 즐겁지 않은 일이죠. 그건 괴로운 일이에요. 제 일은 대부분 시기를 탑니다. 그래서 세금 신고 기간이 끝나면 많은 직원을 내보내야 해요.

이쪽 업계에서 상투적으로 쓰는 말이지만 도끼 휘두르는 걸 좋아하는 사람은 없어요. 그러다 보니 가능한 한 빨리 해고 절차를 마무리하는 관습이 있고, 대개 다음과 같은 방식으로 이루어집니다.

"스미스 씨, 앉아보세요. 이번 세금 신고 기간이 끝났어요. 더는 스미스 씨께 맡길 일이 없군요. 물론 일이 바쁜 시기에만 일하는 걸로 하고 들어오셨다는 걸 아시겠지만요……."

그러면 상대는 실망과 함께 '버림받았다'고 느낍니다. 대부분 평생 회계 분야에서 일하는 사람들인데, 그렇게 쉽게 자신을 버리는 회사에 특별한 애정 같은 건 없습니다.

최근 저는 기간제로 뽑은 직원을 좀 더 배려하며 요령 있게 대하기로 마음먹었습니다. 그래서 지난겨울 기간제 직원들의 업무 내용을 깊이 잘 생각해본 후 한 명씩 불렀습니다. 그러고는 다음과 같이 말했지요.

"스미스 씨, 일을 정말 잘해주셨군요(일을 잘하는 사람일 경우). 그때 뉴아크로 출장을 다녀오셨죠. 힘든 일을 해주셨어요. 그 일을 현장에서 처리해주신 건 스미스 씨였고, 정말 잘해내셨습니다. 회사에서 스미스 씨를 자랑스럽게 생각한다는 걸 알아주셨으면 해요. 스미스 씨는 능력이 뛰어난 분이니 어디서든 잘해내실 거예요. 우리 회사는 스미스 씨를 믿고 응원하고 있습니다. 그 점을 잊지 않으셨으면 해요."

효과가 어땠을까요? 직원들은 해고 통보를 받은 후에도 훨씬 좋은 감정으로 퇴사했습니다. '버림받았다'고 느끼지 않았지요. 일이 또 생기면 우리가 부를 것을 알았으니까요. 그리고 다시 그 사람을 고용할 일이 생기면 그는 개인적인 애정을 가지고 일하러 왔습니다.

우리 수업 시간 중에 두 명의 수강생이 상대를 흠잡는 일의 부정적인 효과와 이에 반해 체면을 살려주는 일의 긍정적인 효과를 두고 이야기를 나눴다.

펜실베이니아주 해리스버그에 사는 프레드 클라크는 회

사에서 있었던 사건을 이야기했다.

생산 회의를 하는데 부사장이 생산 관리자에게 공정에 관해 매우 날 선 질문을 던졌습니다. 질문하는 목소리는 공격적이었고 관리자 쪽의 성과에 문제가 있다는 걸 지적하려는 속셈이었어요. 동료 직원들 앞에서 무안당하고 싶지 않았던 관리자는 답을 얼버무렸습니다. 이 때문에 부사장은 벌컥 화를 내며 관리자를 질책하고 거짓말을 한다며 몰아붙였습니다.

그전까지 쌓아온 업무상 관계가 단 몇 분 만에 무너졌지요. 그 관리자는 기본적으로 좋은 직원이었는데, 그때부터 회사에서 쓸모없는 사람이 되었어요. 그는 몇 달 뒤 회사를 떠났고 경쟁사로 이직했습니다. 거기서 일을 아주 잘하고 있지요.

또 다른 수강생인 안나 마조네도 직장에서 있었던 비슷한 일을 이야기해주었다. 하지만 다른 방식으로 접근해 완전히 다른 결과를 얻었다! 마조네는 어느 식품 포장 회사에서 마케팅 전문가로 일하고 있는데 처음으로 중요한 업무를 맡게 되었다. 신제품을 테스트 마케팅하는 일이었다. 마조네는 수업 시간에 이렇게 이야기했다.

테스트 결과를 받고 저는 엄청난 충격을 받았습니다. 마케팅 계획에 심각한 문제가 있었고, 이 때문에 테스트를 전부 다시 해야 했어요. 설상가상으로 이 프로젝트에 관한 보고서를 발표하기로 되어 있는 회의 시간 전에 상사를 만나 논의할 시간이 없었지요. 보고서를 발표하러 갔을 때 저는 무서워서 떨고 있었습니다. 무너지는 걸 참으려고 안간힘을 썼어요. 울지 않기로 했고 거기 있는 남자들이 여자들은 너무 감정적이니 관리직을 맡기면 안 된다는 소리를 하게 만들지는 않기로 마음먹었습니다. 저는 간단히 내용을 보고하고 실수가 있어 다음 회의 전까지 연구를 다시 해오겠다고 말했습니다. 그러고는 상사가 화내리라 예상하며 자리에 앉았지요.

하지만 상사는 화를 내는 대신 내가 한 일을 칭찬하고 신규 프로젝트를 진행하다가 실수하는 건 드문 일이 아니니 다시 조사하면 정확하고 회사에 의미 있는 결과가 나오리라 믿는다고 말했습니다. 모든 동료가 보는 앞에서 저를 믿고 있다고 확인해주었지요. 상사는 제가 스스로 최선을 다했고, 능력 부족이 아니라 경험 부족 때문에 실수한 것임을 알고 있었습니다. 회의실을 나오면서 저는 자신감을 느꼈고, 다시는 상사를 실망시키지 않겠다고 결심했습니다.

내가 옳고 상대방이 틀린 게 분명하다 해도 상대의 체면을 잃게 하면 안 된다. 그것은 자존심을 망가뜨릴 뿐이다. 프랑스의 전설적 비행사이자 작가인 앙투안 드 생텍쥐페리는 이렇게 썼다.

'내게는 사람들이 스스로 생각하는 자기 모습을 깎아내릴 어떤 말이나 행동도 할 권리가 없다. 중요한 건 내가 그 사람을 어떻게 생각하는지가 아니라 그가 자신을 어떻게 생각하는지이다. 타인의 자존심에 상처를 주는 건 죄악이다.'

진짜 리더라면 항상 다음 원칙을 따른다.

원칙 5

상대방의 체면을 세워라.

사람들을 격려해
성공으로 이끄는 방법

    내 오랜 친구 피터 발로우는 동물 쇼를 벌이며 평생을 서커스와 공연단을 따라 돌아다녔다. 나는 피터가 공연을 위해 새로 들어온 강아지를 훈련하는 모습을 보는 게 좋았다. 피터는 강아지가 조금이라도 발전하는 모습을 보이면 쓰다듬고 칭찬하고 간식을 주고 치켜세웠다.

    새로울 게 없는 방법이다. 동물 조련사는 수세기 동안 같은 방법을 써왔다.

    그런데 강아지의 행동을 변화시키려 할 때 쓰는 상식적인 방법을 왜 사람을 변화시키려 할 때는 사용하지 않을까? 채

찍 대신 고기를 주는 게 어떨까? 비난하는 대신 칭찬하면 어떨까? 약간의 발전만 보여도 칭찬하자. 그러면 상대방은 계속 발전을 거듭할 수 있다.

심리학자 제스 레어는 그의 책《대단한 사람은 아니지만, 내게는 내가 전부이다(I Ain't Much, Baby-But I'm All I Got)》에서 이렇게 썼다.

'칭찬은 인간의 정신을 데우는 햇살과 같다. 칭찬 없이는 꽃을 피울 수도, 키울 수도 없다. 그런데 우리는 대부분 다른 사람에게 비판이라는 찬바람을 퍼부을 준비만 하고, 어찌 된 일인지 칭찬이라는 따뜻한 햇살을 뿌리기는 주저한다.'

내 인생을 돌이켜보아도 몇 마디 칭찬이 내 미래를 크게 바꾸어놓았다. 여러분 인생에는 그런 일이 없었을까? 역사 속에는 순전히 칭찬만으로 일어난 마법처럼 놀라운 일이 가득하다.

오래전 열 살짜리 아이가 나폴리의 공장에서 일하고 있었다. 아이는 가수가 되고 싶었지만, 첫 번째 선생님이 기를 꺾었다.

"너는 노래를 못하는구나. 노래 부를 목소리가 전혀 아니야. 네 목소리는 덧문을 두드리는 바람 소리 같아."

하지만 아이의 엄마는 아이에게 노래를 잘한다고 생각한다며 노래 실력이 벌써 나아지는 게 보인다고 말해주었다. 그렇게 아이의 어깨를 감싸며 칭찬해주었다. 그녀는 돈을 모아 아이의 음악 수업 비용을 마련하려고 열심히 일했다. 그런 엄마의 칭찬과 격려는 아이의 인생을 바꾸어놓았다. 아이의 이름은 엔리코 카루소로, 그는 당대 최고의 유명 오페라 가수가 되었다.

19세기 초반의 런던, 작가를 꿈꾸는 젊은이가 있었다. 하지만 모든 상황이 나쁘기만 했다. 그는 4년밖에 정식 교육을 받지 못했고, 아버지는 빚을 갚지 못해 철창신세를 지고 있었다. 이 젊은이는 배고픈 날이 많았다. 마침내 그는 쥐가 들끓는 창고에서 검정 구두약 통에 상표를 붙이는 일자리를 구했다. 밤에는 런던 빈민가의 부랑아 두 명과 함께 형편없는 다락방에서 잠을 청했다. 그는 글쓰기 능력에 자신이 거의 없었다. 그래서 아무도 비웃지 못하도록 한밤중에 몰래 나와 첫 번째 원고를 잡지사에 보냈다. 보내고 또 보내도 원고는 거절당했다. 그러다 마침내 좋은 날이 와서 어느 원고 하나가 채택되었다. 그렇다. 그 원고로 돈은 한 푼도 벌지 못했지만, 어느 편집자가 그의 글을 칭찬해주고 인정해주었다. 그는 너무 감격한 나머지 눈물을 흘리며 목적 없이 거리를 돌아다녔다.

한 편의 이야기가 출간되면서 받은 칭찬과 인정은 그의 인생 전체를 바꾸어놓았다. 그때 격려받지 못했다면 그는 쥐가 들끓는 공장에서 일하며 평생을 보냈을지 모른다. 여러분도 그의 이름을 들어보았을 것이다. 그는 바로 찰스 디킨스다.

런던의 또 다른 아이는 양복점 점원으로 일하며 생계를 이어가고 있었다. 그는 새벽 5시에 일어나 매장 청소를 해야 했고, 하루 열네 시간씩 노예처럼 일했다. 그건 정말 힘든 일이었고 그는 진절머리를 냈다. 2년 뒤 더는 일을 계속할 수 없어서 그는 어느 날 아침 일어나 아침 식사도 하지 않은 채 가정부로 일하는 어머니와 이야기를 나누러 24킬로미터를 걸어갔다.

그는 미칠 것 같은 마음에 어머니께 사정하며 눈물을 흘렸다. 그리고 계속 그 가게에서 일하느니 자살하겠다고 나섰다. 그러고는 옛 학교의 교장 선생님께 '자신은 낙담했으며 더는 살고 싶지 않다'는 내용의 애처로운 편지를 길게 써서 보냈다. 편지를 받은 교장 선생님은 그를 칭찬하고는 그가 정말 똑똑한 학생이었고 더 나은 일을 해야 할 사람이라며 선생님으로 일할 자리를 마련해주었다.

교장 선생님의 칭찬은 그의 미래를 바꾸어놓았고, 영국 문학사에 길이 남을 인상적인 모습을 선사했다. 그가 수많은 베스트셀러 작품을 쓰고 100만 달러가 넘는 돈을 벌었기 때문이다. 그의 이름도 들어보았을 것이다. 그는 바로 허버트 조지 웰스다.

비판 대신 사람을 칭찬하는 것이 스키너 교수법의 기본 개념이다. 현대의 위대한 심리학자인 스키너는 동물 및 인간 실험을 통해 비판을 최소화하고 칭찬을 강조하면, 잘하는 일은 더 잘하게 되고 좋지 못한 부분에는 관심을 두지 않게 되어 그런 면이 사라진다는 사실을 보여주었다.

노스캐롤라이나주 록키마운틴에 사는 존 링겔스포는 자녀를 양육하는 데 스키너의 방법을 사용했다. 많은 가족이 그렇듯 링겔스포 부부도 아이들과 의사소통할 때 주로 소리를 질렀다. 그럴 때마다 아이들의 행동은 좋아지기보다 조금씩 더 나빠졌고, 그건 부모님인 링겔스포 부부도 마찬가지였다. 이 문제는 끝이 없는 것 같았다.

링겔스포는 이러한 상황을 해결하기 위해 우리 수업 시간에 배운 인간관계의 원칙을 사용해보기로 했다. 그는 말했다.

우리는 아이들의 잘못을 지적하는 대신 칭찬해보기로 했습니다. 전부 부정적인 면밖에 보이지 않는데 칭찬하기란 쉬운 일이 아니었지요. 칭찬거리를 찾기가 정말 어려웠어요. 가까스로 칭찬할 일을 찾으니 하루 이틀이 지나기도 전에 아이들은 정말 저를 화나게 했던 행동을 멈추었습니다. 그러더니 다른 잘못된 행동도 사라지더군요. 아이들은 칭찬받기 위해 노력하기 시작했습니다. 예전과 달리 바른 일을 하기 시작했죠.

저희 부부는 믿을 수가 없었습니다. 물론 그런 상태가 계속되지는 않았지만, 그런 일이 있고 난 뒤에 일반적인 상황이 훨씬 좋아졌습니다. 더는 우리가 예전처럼 대응할 필요가 없었어요. 아이들이 잘못된 행동보다 올바른 행동을 훨씬 많이 했거든요.

이 모든 건 아이들이 저지르는 잘못을 비난하기보다 약간의 발전을 보였을 때 칭찬해준 결과였다,

사람은 누구나 칭찬받길 좋아한다. 하지만 구체적으로 칭

찬할 때 더욱 진심이 느껴진다. 그저 상대에게 기분 좋으라고 하는 말과는 다르다.

명심하라. 우리는 모두 칭찬과 인정을 갈구한다. 그리고 칭찬과 인정을 받기 위해서라면 거의 무슨 일이든 할 것이다. 하지만 진심이 없는 칭찬을 원하는 사람은 없다. 누구도 아첨일 뿐인 소리를 듣고 싶어 하지 않는다.

다시 한번 반복해서 말한다. 이 책에 소개한 인간관계의 원칙은 진심에서 우러나왔을 때만 효과가 있다. 나는 꼼수를 알려주는 게 아니다. 내가 전하고 싶은 건 인생을 살아가는 새로운 방법이다.

사람들을 변화시키는 방법에 관해 이야기해보자. 우리가 만나는 사람에게 그들 자신의 숨겨진 보물 같은 면을 깨닫게 한다면 그에게서 변화 이상의 것을 끄집어낼 수 있다. 말 그대로 사람을 완전히 달라지게 할 수 있는 것이다.

과장된 소리 같은가? 그렇다면 미국에서 가장 뛰어난 심리학자이자 철학자인 윌리엄 제임스의 현명한 이야기를 들어보자.

"우리의 가능성에 비하면 사람은 반만 깨어 있다. 사람은 자신이 가진 육체적, 정신적 자원의 극히 일부만을 사용하고 있다. 넓은 의미에서 말하자면 인간은 지금까지 자신의 한계 안에서만 살아왔다. 인간은 다양한 힘을 가졌는데, 그것을 사용하지 않는 게 습관이 되어 있다."

그렇다. 이 책을 읽는 독자 여러분도 다양한 힘을 가졌는데, 사용하지 않는 게 습관이 되어 있다. 그리고 충분하게 사용하지 않는 힘 가운데 하나가 다른 사람이 잠재된 가능성을 발현할 수 있도록 칭찬하고 격려하는 마법 같은 힘이다.

비판받으면 능력이 사그라든다. 능력은 격려받을 때 피어난다. 사람들과 효과적으로 소통하는 리더는 다음의 원칙을 적용한다.

원칙 6

약간의 발전이라도 보이면 칭찬하라. 발전하는 모습을 보일 때마다 칭찬하라. 진심으로 아낌없이 칭찬하라.

개에게도 좋은 이야기를
들려주라

볼드윈 로코모티브 웍스의 대표 사무엘 보클레인은 이렇게 말했다.

"사람은 대체로 우리가 그의 능력을 존중하는 모습을 보이면 쉽게 이끌 수 있다."

간단히 말하면 상대방의 어떤 면을 개선하고 싶다면 그런 면이 그 사람의 뛰어난 장점인 것처럼 이야기하라는 것이다. 셰익스피어는 말했다.

"장점이 없다면 장점이 있다고 생각하라."

다른 사람에게 발전시켰으면 하는 장점이 있다면 그가 이미 그런 장점을 가졌다고 생각하고 공개적으로 언급하라. 그리고 그 장점에 대한 좋은 평판을 들려주면 그는 여러분의 환상을 깨지 않으려 온갖 노력을 기울이게 된다.

조제트 르블랑은 저서 《추억, 마테를링크와 함께한 내 인생(Souvenirs, My Life with Maeterlinck)》에서 보잘것없던 벨기에 출신 신데렐라가 놀랍게 변하는 모습을 묘사했다.

근처 호텔에서 일하는 여종업원이 내 식사를 가지고 왔다. '접시닦이 마리'라고 불리는 아이였다. 주방 보조로 일을 시작한 그 아이는 말하자면 괴물 같았다. 눈이 사시였던 데다 다리가 휘었고, 몸도 마음도 가난했기 때문이다.

어느 날 그 아이가 빨개진 손으로 마카로니 접시를 들고 왔을 때 내가 단도직입적으로 말했다.

"마리야, 너는 네 안에 지닌 보물을 모르고 있구나."

감정을 드러내지 않는 데 익숙한 아이였기에 마리는 곤란한 일이라도 생길까 두려워 감히 조금도 움직이지 못한 채 잠시 기다렸다. 그러더니 접시를 테이블 위에 내려놓고 한숨을 쉬며 솔직하게 말했다.

"부인, 말씀해주지 않으셨다면 저는 그걸 절대 믿지 않았을 거예요."

마리는 의심하거나 질문하지 않았다. 그저 부엌으로 돌아가서 내가 했던 말을 반복해서 되뇌었다. 그리고 그런 믿음의 힘 때문인지 아무도 마리를 놀리지 않았다. 그날부터 심지어 그녀는 배려받기도 했다. 하지만 가장 흥미로운 변화는 보잘것없던 마리 자신에게 일어났다. 스스로 보이지 않는 보물이라는 믿음을 얻게 되자 마리는 얼굴과 몸을 신경써서 관리하기 시작했다. 소녀의 아름다움이 피어났고 못생긴 외모도 어느 정도 감춰졌다.

두 달 뒤 마리는 주방장의 조카와 결혼하게 되었다고 이야기했다. "저는 교양 있는 아내가 될 거예요"라고 말하며 마리는 내게 감사를 표했다. 작은 칭찬이 마리의 인생을 송두리째 바꾸어놓았다.

조제트 르블랑은 '접시닦이 마리'에게 좋은 평판을 들려주었고, 그 평판이 마리를 변화시켰다.

아일랜드 더블린에 사는 치과의사 마틴 피츠휴는 어느 날 아침 여성 환자가 입안을 헹굴 때 쓰는 금속 컵 받침이 아주 깨끗하지는 않다고 지적해서 깜짝 놀랐다. 물론 환자는 컵 받침이 아니라 종이컵으로 입을 헹구지만, 병원 장비가 더러운 건 분명 바람직하지 않았다.

환자가 떠나고 피츠휴는 사무실에 들어가서 일주일에 두 번 병원을 청소하러 오는 브리짓에게 편지를 썼다.

친애하는 브리짓 아주머니께,
제가 자주 뵙지는 못하지만, 우리 병원을 깨끗이 청소해주셔서 감사하다는 말씀을 전해야겠다고 생각했습니다. 그런데 일주일에 두 번, 두 시간은 매우 제한적인 시간이기 때문에 가끔 30분 정도 컵 받침을 닦는 일처럼 '어쩌다 한 번씩' 청소해야 하는 부분도 자유롭게 청소해주십사 말씀드립니다. 물론 추가 시간에 대한 비용은 제가 지불하겠습니다.

피츠휴가 이야기했다.

다음 날 사무실에 가보니 책상 위가 거울처럼 반짝이더군요. 의자도 그렇고요. 미끄러질 정도였습니다. 진료실에 갔더니 크롬 도금 컵 받침이 아주 깨끗한 상태로 반짝이고 있었습니다. 좋은 평판을 들려드린 그 작은 행동으로 청소 아주머니는 그 어느 때보다 청소를 잘해놓으셨습니다. 아주머니는 청소에 얼마나 시간을 더 들이신 걸까요? 추가 시간은 전혀 없었습니다.

'개에게 욕하느니 목매다는 게 낫다'라는 속담이 있다. 그러니 개에게도 좋은 이야기를 들려주자. 그리고 어떤 일이 일어나는지 보자!

루스 홉킨스는 뉴욕 브루클린에서 4학년 학생들을 가르치는 교사이다. 홉킨스는 새 학년 첫날 출석부를 살피다 새로운 한 해를 시작한다는 흥분과 기쁨이 불안으로 변하는 걸 느꼈다. 올해 홉킨스의 반에는 학교에서 악명 높은 말썽꾸러기 토미가 배정되어 있었다. 3학년 때 토미의 담임 선생님은 동료 교사들과 교장 선생님, 그리고 누구라도 들어줄 사람만 있으면 끊임없이 토미에 대한 불만을 이야기했다. 토미는 그냥 짓궂기만 한 학생이 아니었다. 교실에서 심각한 훈육이 필요한 문제 행동을 보였고, 남자아이들에게 싸움을 걸었으며, 여자아이들을 괴롭히고, 선생님에게 건방지게 굴었다. 게다가 학년이 올라갈수록 상태는 더 나빠지는 것 같았다. 토미의 유일한 장점은 습득이 빠르고, 학교 공부를 쉽게 해낸다는 것이었다.

홉킨스는 즉시 '토미 문제'에 손을 대기로 했다. 새 학년 학생들과 인사를 나눌 때 홉킨스는 각자 아이들에게 작은 칭찬을 해주었다.

"로즈야, 오늘 입은 원피스가 아주 예쁘구나."

"알리시아, 네가 그림을 정말 잘 그린다면서?"

토미 차례가 되자 홉킨스는 토미의 눈을 똑바로 보며 이야기했다.

"토미야, 너는 타고난 리더인 것 같구나. 올해 4학년 우리 반을 최고의 반으로 만드는 데 네 도움을 좀 받아야겠다."

그리고 처음 며칠 동안 토미가 하는 모든 일을 칭찬하고, 이건 그가 얼마나 좋은 학생인지를 보여주는 행동이라고 이야기했다. 그런 평판을 듣자 아홉 살짜리 아이라도 선생님을 실망시킬 수 없었다. 그리고 그렇게 하지 않았다.

다른 사람의 태도나 행동을 변화시켜야 하는 어려운 리더의 역할을 잘해내고 싶다면 다음 원칙을 적용하라.

원칙 7

상대방에게 좋은 평판을 들려주어라.

못하는 일은 하기 쉬워 보이게
만들어라

자녀에게, 배우자에게, 직원들에게 어떤 일을 못한다거나 멍청하다거나 재능이 없다거나 하나같이 잘못된 일만 한다고 이야기해보라. 그러면 그들이 발전하려 노력할 모든 유인을 없앨 수 있다.

하지만 정반대의 방법을 써보라. 자유롭게 격려하고, 일하는 게 쉬워 보이도록 만들어라. 여러분이 상대방의 능력에 믿음을 가지고 있으며, 그에게는 아직 발전시키지 못한 재능이 있다고 말해보자. 그러면 이야기를 들은 사람은 남들보다 잘하기 위해 동이 틀 때까지 연습할 것이다.

인간관계술에 훌륭한 재능을 지녔던 로웰 토머스도 이런 방법을 썼다. 토머스는 사람들에게 용기와 믿음을 불어넣고, 자신감을 심어주었다. 그 예로, 나는 토머스 부부와 주말을 함께 보낸 적이 있었다. 토요일 밤, 나는 타오르는 벽난로 앞에서 브리지 카드 게임을 하자는 제안을 받았다.

'브리지 게임이라고? 오, 안돼! 안돼! 안돼! 난 못 해! 나는 브리지 게임 같은 건 하나도 모른다고. 브리지 게임은 언제나 내게 까마득한 수수께끼였어. 안돼! 안돼! 못 한다고!'

"데일, 왜 그러나? 딱히 비결이 있는 것도 아니네."

토머스가 말했다.

"기억력과 판단력만 있으면 다른 건 아무것도 필요 없네. 자네는 기억력에 관한 글도 썼지 않은가. 브리지 게임은 자네에게 식은 죽 먹기일 거야. 자네에게 안성맞춤이지."

그리고 순식간에 내가 무엇을 하는 건지 미처 깨닫기도 전에 나는 살면서 처음으로 브리지 판에 앉아 있었다. 전부 토머스가 내게 타고난 재능이 있다며 게임이 쉬워 보이게 해준 덕분이었다.

브리지 게임 이야기를 하자니 엘리 컬버트슨이 생각난다. 컬버트슨이 쓴 브리지 게임에 관한 책은 10여 개의 언어로 번역되었고, 100만 부 이상 팔려나갔다. 그런데 그는 내게 한 젊은 여성이 자신한테 브리지 게임에 재능이 있다는 걸 알려주지 않았다면 그 게임을 직업으로 삼지 못했을 것이라고 고백했다.

1922년 컬버트슨이 미국에 왔을 때 철학과 사회학을 가르치는 강사 자리를 얻으려 노력했지만 얻을 수 없었다. 그래서 석탄 장사를 해보았지만 실패했다. 뒤이어 커피 장사도 시작했지만, 또 실패하고 말았다.

컬버트슨은 브리지 게임을 할 줄 알았지만, 장차 자신이 그 게임을 가르치게 될 줄은 꿈에도 몰랐다. 그는 카드 게임에 서툴렀을 뿐 아니라 아주 고집이 셌다. 질문을 정말 많이 했고. 게임이 끝난 뒤에 복기를 너무 오래 했기 때문에 누구도 그와 카드 게임을 하려 들지 않았다.

그러다 컬버트슨은 아리따운 브리지 게임 교사인 조세핀 딜런을 만나 사랑에 빠졌고, 마침내 결혼했다. 아내는 컬버트슨이 얼마나 주의 깊게 카드를 분석하는지 알아채고, 그에게 카드 게임에 천재적 소질이 있다고 설득했다. 그런 아내의 격려, 오직 그것 때문에 자신은 브리지 게임을 업으로 삼았다고 컬버트슨은 말했다.

다른 사람이 발전할 수 있도록 돕고 싶다면, 다음 원칙을 기억하라.

원칙 8

상대를 격려하라. 못하는 일은 하기 쉬워 보이게 만들어라.

9

상대가 즐거운 마음으로
내 제안에 협력하게 하라

'상대가 즐거운 마음으로 내 제안에 협력하게 하라.'

우드로 윌슨은 윌리엄 깁스 맥아두를 내각 각료로 입각시킬 때 이 방법을 사용했다. 각료로 임명한다는 건 누군가에게 줄 수 있는 최고의 영예였지만, 윌슨은 맥아두로 하여금 그가 중요한 사람이라는 느낌을 배가시키는 방식으로 입각을 제안했다. 다음은 맥아두가 직접 이야기한 내용이다.

"윌슨 대통령은 내각을 구성하고 있다며 제가 재무장관 자리를 맡아준다면 정말 좋겠다고 말씀하셨습니다. 그는 이야기를 유쾌하게 이어가면서 이 영광스러운 자리를 맡으

면 내가 자신에게 호의를 베푸는 셈이라고 느끼게 만들었습
니다."

　내가 아는 어떤 사람은 많은 연설 부탁을 거절해야 했다.
친구들, 그가 도와줘야 할 사람들로부터 받은 부탁이었다.
하지만 그는 정말 노련하게 거절을 잘했기 때문에 상대는
적어도 거절당한 방식에는 만족했다. 어떤 방식이었을까?
그는 그냥 너무 바쁘다거나 이러저러해서 못 한다고 사실만
이야기한 게 아니다. 그렇게 하지 않고 우선 연설을 부탁해
줘서 감사하다는 뜻을 전하고, 자기 능력이 부족해 받아들
일 수 없음이 안타깝다고 말하면서 자신을 대신할 연사를
소개해주었다. 다시 말하면 상대가 거절당한 일로 기분 나
빠할 틈을 주지 않는 것이다. 거절하면서 즉시 연설 부탁을
받아들일 대체 연사로 상대의 생각을 돌리게 했다.

　서독에서 우리 수업을 들은 건터 슈미트는 자신이 관리하
는 식품 가게에서 제품을 진열하는 선반에 가격표를 제대로
붙이지 않는 직원에게 "이 때문에 혼란이 생겼고, 손님들의
불만을 샀다"고 말했다. 주의와 경고를 주고 훈계도 해봤지
만 그다지 효과가 없었다. 마침내 슈미트는 그 직원을 사무
실로 불렀다. 그러고는 그녀를 매장 전체의 '가격표 부착 감

독관'으로 임명한다고 말하고, 모든 선반에 가격표가 제대로 붙어 있는지 확인하는 일을 책임져야 한다고 전했다. 새로운 직함과 임무를 맡자 그 직원의 태도는 완전히 달라졌고, 그때부터 맡은 바 임무를 정말 만족스러운 수준으로 수행했다.

어린애 같은 방법이라고? 그럴지도 모른다. 그럼에도 이 방법은 니리분에게 도움 될 수 있다. 예를 들어보겠다. 뉴욕주 스카스데일에 사는 내 친구 어니스트 겐트는 마당 잔디밭을 뛰어다니며 잔디를 망쳐놓는 남자아이들 때문에 골치가 아팠다. 아이들을 혼내도 보고 달래도 보았지만, 어느 쪽도 효과가 없었다. 그래서 아이들 중 가장 괘씸한 녀석에게 직함을 줘서 권위를 느끼게 하는 방법을 쓰기로 했다. 그 아이를 '탐정'으로 임명하고, 잔디밭에 무단침입하는 사람을 감시하는 임무를 부여했다. 이 방법으로 문제는 해결됐다. '탐정'은 뒷마당에 모닥불을 피우고, 철 조각을 빨갛게 될 때까지 달군 후 잔디밭을 밟는 녀석은 누구라도 낙인을 찍겠다고 으름장을 놓았다.

상대의 태도나 행동을 변화시킬 필요가 있을 때 효과적으로 소통하는 리더는 다음과 같은 지침을 따른다.

1. 진심으로 대한다. 지키지 못할 약속은 하지 않는다. 자신에게 돌아올 이익은 생각하지 않고 상대의 이익에만 집중한다.

2. 상대방이 어떤 일을 해주기를 바라는지 정확하게 알고 있다.

3. 상대의 입장을 이해한다. 상대방이 정말 원하는 게 무엇인지 스스로 물어본다.

4. 내가 제안하는 바를 상대가 따랐을 때 그 사람이 얻을 수 있는 이득을 고려한다.

5. 그 이득을 상대가 원하는 바와 연결한다.

6. 상대에게 부탁할 때는 이를 통해 상대방이 개인적인 이득을 얻을 수 있다는 점을 떠올리게끔 이야기한다.

이런 식의 접근으로 모든 사람에게 호의적인 반응을 끌어낼 수 있다고 믿는 건 순진한 생각이다. 하지만 많은 사람이 경험한 바에 따르면 이 같은 원칙을 사용하지 않을 때보다는 상대의 행동이 바뀔 가능성이 더 컸다. 성공 가능성을 단 10%만 더 높인다고 해도 이전보다 10% 더 효과적으로 소통하는 리더가 되는 셈이다. 그게 여러분이 얻는 이익이다.

다음의 원칙을 사용하면 상대는 즐거운 마음으로 내 제안에 협력할 가능성이 커진다.

원칙 9

상대가 즐거운 마음으로 내 제안에 협력하게 하라.

4
PART

리더의 소통

리더는 종종 상대의 태도와 행동을 바꾸는 일도 해야 한다.
이를 위한 몇 가지 방법을 제안한다.

원칙 1 :
칭찬과 솔직한 감사의 말로 대화를 시작하라.

원칙 2 :
사람들의 잘못은 간접적으로 알려라.

원칙 3 :
다른 사람을 비판하기 전에 나의 실수부터 이야기하라.

원칙 4 :
직접적으로 명령하지 말고 질문을 던져라.

원칙 5 :
상대방의 체면을 세워라.

원칙 6 :
약간의 발전이라도 보이면 칭찬하라.
발전하는 모습을 보일 때마다 칭찬하라.
진심으로 아낌없이 칭찬하라.

원칙 7 :
상대방에게 좋은 평판을 들려주어라.

원칙 8 :
상대를 격려하라.
못하는 일은 하기 쉬워 보이게 만들어라.

원칙 9 :
상대가 즐거운 마음으로 내 제안에 협력하게 하라.

인간관계의 원칙 적용을 통해 얻은 승리

이름 | 날짜 |

적용 원칙

적용 결과

데일 카네기
여자를 위한 인간관계론

1판 1쇄 인쇄 2023년 8월 28일
1판 1쇄 발행 2023년 9월 01일

지은이 | 데일 카네기
엮은이 | 미리내공방
펴낸이 | 최윤하
펴낸곳 | 정민미디어
주 소 | (151-834) 서울시 관악구 행운동 1666-45, 3F
전 화 | 02-888-0991
팩 스 | 02-871-0995
이메일 | pceo@daum.net
홈페이지 | www.hyuneum.com
편 집 | 미토스
표지디자인 | 강희연
본문디자인 | 디자인 [연;우]

ISBN 979-11-91669-48-0 (03320)